地球の「混乱と八方塞がり」は天上界による浄化作用だった。

［地球家族代表］河合勝

ヒカルランド

天変地異が起こるメカニズムは、
人々の吐く波動の荒い息にあることを
人々は知らないのです！

輪廻転生の回数が
世界の民族の中で
一番多いのが日本人、
だから天上界は
この国に特別の想いと仕掛けを
施しているのです！

天上界が地球に派遣した
特別に意識の高い人
１６００人のうち６９２人が
この日本に
派遣されているのです！

カバーデザイン　櫻井浩（⑥Design）
校正　麦秋アートセンター
本文仮名書体　文麗仮名（キャップス）

終章　ユートピア社会建設のメンバーになれる人々、なれない人々……

第1章 天の原因の世界と、地の結果の世界、この表と裏がついに一体となります！

天と地という2極が1つに完全調和し、1極になる時代が来ました。

地球から国境がなくなり、ワンワールドになります。

戦争がなくなり、難民問題が解決します。

宗教も科学も思想も絶対なる法則――宇宙の法則のもと1つにまとまります。

争いがなくなり、ユートピア社会が実現します。

これが原因を形成する天上界のプログラムです。

地上界は結果が顕現《けんげん》する世界ですからまもなくユートピア社会が実現することになるのです。

AD2020年からいよいよユートピア社会の建設がスタートします。

第2章
天上界は永い年月をかけて、人類を導いて来て、今がまさにそのときなのです！

歴史は天上界の主導によって、人間が作り上げるものです。

人類の進化をプログラムしたのは天上界で、そのために人間の指導者を必要に応じて地球に派遣して来たのです。世界の歴史を指導して来たとも言えます。

天上界は全智全能の智恵の世界です。

人間の知識、常識は物質から得ているものです。それはエントロピーの働く、始めと終りのある一過性の物質から得ているのです。消え去るものから得ているのでこれは偽物の世界です。

ですから知識はアノ世へは持ち帰れないことになります。

一方で智恵は蓄積できてアノ世へ持ち帰れるものです。

智恵は直観、啓示、閃き、内から湧くもの。

知識は外から得るもの。

そしてこれからは智恵の時代に入るのです。

人間の概念と宗教が神を勝手に捏造《ねつぞう》して来たのです。現行の宗教は教祖の説いた本当の意味を理解していないことになります。文字の遊び、空念仏《からねんぶつ》に止まっている状態なのです。

神とは原子と電子（エネルギー、生命と質量、肉体）に働く法則のことです。科学そのものであり、現実そのもの。この神を、宇宙の法則を理解し、実践する時代にいよいよ入ったのです。

日本民族が世界のリーダーとなる。その時、本来のユダヤ民族が日本民族を支援する。そのような時代に入ったのです。日本とユダヤはコインの裏と表の関係にあるのです。

日本に伝承されるカゴメの唄の本当の意味が明かされる時代になりました。

地球に今起きている一切の事象、一切の出来事は、１００％宇宙の法則に従って発生しているものです。１人１人の毎日の生活に発生することも同じです。そして宇宙の法則を実行させる天上界の会議体が存在しています。それをシャンバラの会議と言います。

宇宙の法則と天上界シャンバラの会議体が考えている内容と、人類進化のプログラムを知ると、未来は予知できるのです。

２０２０年からユートピア社会の建設がスタートします。それはｇｉｖｅ＆ｇｉｖｅ、奉仕が当り前の世界。共存共栄、救け合い分かち合いの世界です。

ユートピア社会の設計図は実はずっと以前から完成しているのです。その設計図によるユートピア社会の建設に邪魔になるもの、必要のないものが刈り取られることになっています。消えてゆくのです。創造のためには破壊が必要となる。破壊と創造は表裏一体です。天上界の人類指導の最高の会議体がこのことを管理している。地球で発生する一切の事象を１００％コントロールしているのです。

天変地異、異常気象、事故、災難、人間１人１人の日常生活に起きること一切、人類の進化とそれにともなう歴史の実行です。人間個人の、集団の、国家の、民族のカルマの刈り取りと進化をプログラムして、実行しているのです。

このことを理解している人の割合は、1000人中1人しかいません。

第３章　創造主はシャンバラの世界から人類を覚醒へと動かしている！

シャンバラの世界は、必要に応じて人類の指導者を地球に派遣してきたのです。その指導者とは過去に人間としての生活を送り悟りに到った覚者たちです。この方たちはテレパシー（以心伝心）ができるので、全智全能のアカシックレコードから瞬時に本物の情報を引き出すことができるのです。

創造主とは全智全能の知恵者のことです。宇宙生命として存在していて、完全なものしか創りません。

今人類を直接指導しているのは、創造主とそれに近い、超高級意識体であるモーゼ、釈迦、イエス、聖ヨハネ等の意識体です。

シャンバラの会議体の21世紀スタート時のメンバーは33名。
肉体人間は3名（知花《ちばな》敏彦氏、インドのサイババ、アメリカボストン市の女性）、リーダー格は知花敏彦氏です。この3名は幽体離脱してこの会議に参加しています。
議長は創造主。30名のメンバーは高級意識体です。リーダーはモーゼ、釈迦、イエスの意識体となっているのです。
会議の開催の場所は日本の富山県糸魚川の黒姫山。ここはピラミッドで、この地下室で必要に応じて開催されています。
シャンバラの世界から派遣された指導者は以下の方々です。
時期不明　サナートクマラ…鞍馬山の魔王尊、毘沙門天
3500年前　日本の古神道を広める…天照、スサノオ、月読神
3200年前　モーゼ　十戒を受け、旧約聖書を残す
2500年前　釈迦　法と慈悲を説き、仏教を残す
2000年前　イエス　愛を説き、新約聖書を残す

20世紀　地球に12名を派遣　内役割を果たした人　6名のみ。

12名中4名は日本人、内2名は沖縄の人。知花敏彦氏（過去生はトート神、釈迦、聖ヨハネ　12名のリーダー格）、上江州《うえず》義秀氏（過去生はモーゼ）。その他に助安由吉《すけやすよしきち》氏、松下幸之助氏。

天上界では、21世紀のリーダーは日本国、日本民族となり、沖縄が心の文明の世界の中心地となるというプログラムが作成されて、実行されているのです。

知花氏も上江州氏もボリビアとアルゼンチンで生活していましたが、2人とも日本・沖縄に呼び戻されているのです。

現代日本でトート神、釈迦、聖ヨハネの過去生を持つ覚者知花氏とモーゼの過去生を持つ覚者上江州氏が日本人として、沖縄出身者として人々に宇宙の真理を説いています。このことは、いかに天上界、シャンバラの世界が日本民族を、そして沖縄を重要視しているかという証拠になります。

沖縄を琉球と呼びます。地球は回転する球体、流れる球。だから琉球と名付けてあるのです。つまり沖縄は世界ということになります。地球のヘソ……火は斎《セー》場《ファーウタキ》御嶽で、水は古宇利島《こうりじま》。火と水でカミとなる仕組みなのです。

さらに沖縄は勾玉《まがだま》でもあります。世界から様々な波動が押し寄せ、沖縄でその波動を浄化して世界へ放射している働きをしているのです。

今人類を指導している超高級意識体のリーダーはモーゼ、そして釈迦とイエスと聖ヨハネです。これらの方々の意識体が中核となって活躍しているのです。

モーゼもイエスも当時の肉体を持った人間として会議体のメンバーでした。幽体離脱して日本の会議に参加していたのです。これが日本列島にモーゼとイエス、及び聖ヨハネの訪れた聖地が数多く存在している理由です。

権現《ごんげん》と稲荷神社がその聖地にあたります。蔵王、熊野、御嶽、広峰や太郎坊宮、火祭りを催事する神社仏閣がこれに該当します。鞍馬山、秋葉山等の聖地もそうなのです。

聖ヨハネも塩土翁として祀られています（このことについては後の章で詳述します）。

モーゼもイエスも肉体を消して日本を離れたから、日本で死んだと思われ、日本で墓が残されています。モーゼの墓は能登半島に、イエスの墓は青森にあるのです。

神の世界への7ヶ所の入口と、チャクラに相当する7ヶ所のパワースポットが地球上に存在しています。世界のシャンバラです。

シャンバラとは神の世界への入口のことで、その本部はヒマラヤのローチェ山の地下にあります。

日本では沖縄の斎場御嶽がこれに相当します。

シャンバラの会議の開催地は、先ほど述べた日本の富山県の糸魚川にある黒姫山の地下となります。黒姫山は人工のピラミッドなのです。

地球のチャクラの7ヶ所のうち2ヶ所が日本にあり、その頭頂が富士山です。

シャンバラの世界が富士山を守っているのです。もう1ヶ所、みぞおち（太陽業）にあたる場所が屋久島です。ここに樹令8千年の縄文屋久杉が存在します。

シャンバラの会議の開催地は、富士山と八ヶ岳（権現岳と赤岳の中間）を結ぶ

バラの入口
つの聖地

ラ本部

ローチェ

ボリビア
サマイパタ

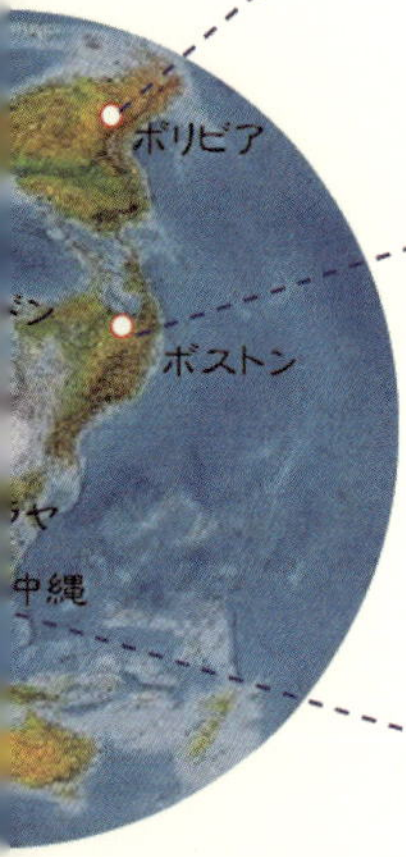

アメリカ　ボストン郊外
ストーンヘンジ

沖縄
斎場御嶽

見た世界地図

世界のシャ

世界の

シャン

ヒマラヤ

イギリス　ロンドン郊外
ストーンヘンジ

エジプト
ギザのピラミッド

モーゼが神に祈った
シナイ　セルバール山

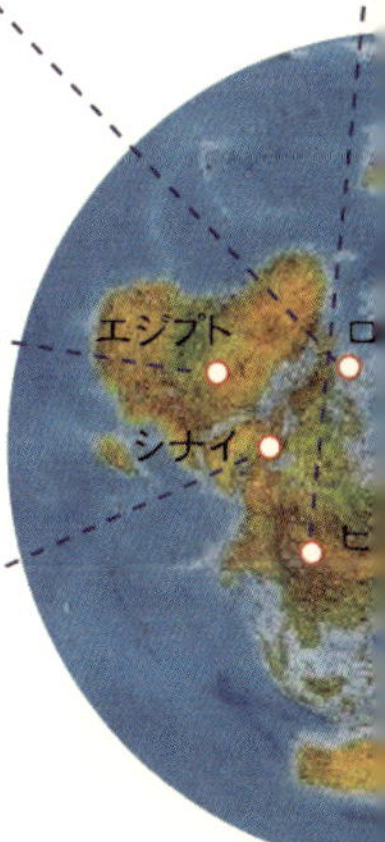

北極上空か

ャクラの場所

第6チャクラ

ホピ、ナバホの居留地

第1チャクラ

マウイ島

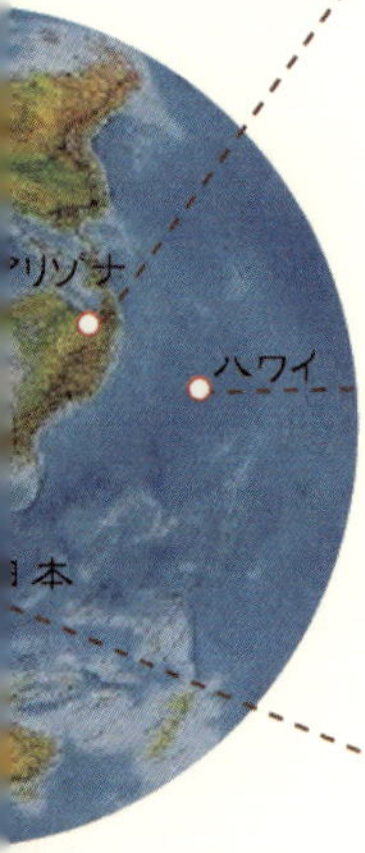

第3チャクラ

屋久島

た世界地図

ネルギーの受け口　：マウイ島（ハワイ）　ムー文明のパワーが一番濃い
動の根本エネルギー：バリ島
ネルギー、念力　：屋久島　地球のへそ、8000年の縄文杉
要。ハートセンター：ヒマラヤ　純白のエネルギー
知恵　：大ピラミッド　創造と知恵のエネルギースポット
人を見抜く　：ホピ　ナバホの居留地、ホピの予言は正しい予言
交流、一体化　：富士山　人類総仕上げ

地球上の7つの

第7チャクラ

富士山

第5チャクラ

ギザのピラミッド

第4チャクラ

ヒマラヤ

第2チャクラ

バリ島

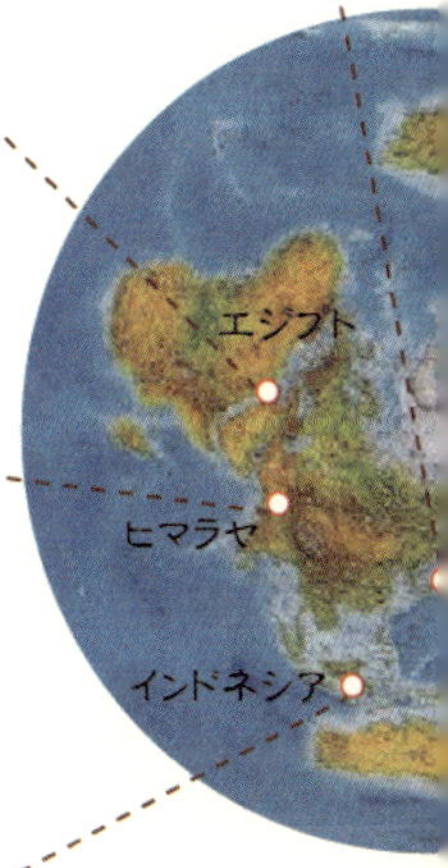

北極上空から

1．尾骶骨　：基本
2．丹田　　：人間
3．みぞおち：想念
4．ハート　：最も
5．咽　　　：創造
6．眉間　　：先見
7．頭頂　　：神と

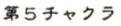

チベット　カイラス山　チベット語でカイラスは水晶

日本のカイラス山　明星山　富山県糸魚川　ひすいの産地　Photo:Keru6006

黒姫山　ピラミッド　この地下がシャンバラの会議の開催地　山頂に権現神社

黒姫山山頂　権現神社

京都八神社　権現大師禪十　モーゼが権現十戒を授かったから十禪

先に聖地が存在しているのです。富山県糸魚川の黒姫山の山頂に権現神社を祀っています。これはモーゼを祀る人工のピラミッドです。この地下でシャンバラの会議が開催されるわけです。

毎回超高級意識体が黒姫山に集まるわけですから、ここが世界最高の聖地となります。

天上界は告げています。今の宗教は阿片《あへん》よりも恐ろしいと。師の説いた真理をきちんと理解している弟子（僧侶、牧師）は先ずいないのです。

人を殺せという宗教は完全に間違いです。

聖書は正しさが30％くらいしか伝わっていないと言われています。それはなん回も書き換えられてしまっているからです。これからギザの秘密の地下室に保管されている旧約聖書と新約聖書の原典が世に出ると言われているのです。もうすぐのタイミングと考えられています。

近々世界の宗教、科学、思想は宇宙の法則、宇宙の科学に統一され、集約され

1つにまとまるようになります。そうすると争いがなくなるのです。

世界はワンワールドとなり、国境がなくなる。それに伴って紛争、争い、戦争がなくなり、上下の差がなくなり、難民問題が解決します。

天は人の上に人を造らず、人の下に人を造らずの思想が実現することとなります。

人種問題がなくなる。貧富の差がなくなる。これがシャンバラの世界が描くユートピア社会の青写真です。設計図は既に出来上がっているのです。この設計上、必要のないもの、邪魔になるものが消えてゆく。それが天上界のプログラムです。その創造のためには破壊が必要です。創造的破壊、破壊（マイナス極）と創造（プラス極）、この2極が完全調和して1極になる世界がもうすでに始まっているのです。

この完全調和のことを、釈迦は慈悲と言い、イエスは愛と説いています。両刃の剣十となります。仏教もキリスト教も卍十が基本のパターンです。

昔の日本の剣は両刃の剣であり対極が1極で完全調和を意味していたのです。

第4章 ムー、レムリア、アトランティス、3回の大陸沈没と人類の精神と歴史の形成

人類はこれまで3回の大陸沈没を体験している。ムー大陸、レムリア大陸、そしてアトランティス大陸。いずれも物質文明が精神文明を凌駕して、地球がマイナスエネルギーを高くして、北極と南極の逆転現象によって大陸が沈没しているのです。

アトランティス大陸が沈没したのは今から2万6000年前のこと。

黄道帯のサイクルの2万6000年毎のサイクルのどこかで大陸が沈没していることになります。

アトランティス大陸と住民の3分の2は今でも大西洋の海底深く沈没していま

す。今のセントアゾレス諸島の位置です。

現代よりも文明が進んでいたと言われているアトランティスの沈没の原因は物質文明の発達が精神文明より大きくなったことです。

オゾン層に穴をあけるエネルギーを多量に消費していたのです。石炭、石油、天然ガスなどの石化燃料により酸素を燃焼させ、大量の排気ガスを放出し、オゾンの補給ができない事態となってしまったのです。そしてついに薄くなったオゾン層に穴があいてしまった。

物質文明は陰のエネルギーです。エネルギーが陰に傾くと地球の北極が南にずれて地球が傾斜するのです。大陸の大半は北半球にあるので、26度以上傾くと、大陸がずれて北極と南極が逆転するポールシフト現象が起こるのです。今まで3回、大陸の沈没とともにこれが起きています。海は陸となり、陸は海となる現象です。

物質文明の過度の発達は地球の自然の生態系を破壊するのです。人々は金々、物々、財、地位、権力を求め、破壊の波動を出すことで、天変地異、異常気象、事故、災難を招くことになるのです。

天上界は人類に地球を破壊させないよう、それを防ぐ智恵を人類に残すことにしたのです。

アトランティス人トートにギザのピラミッドとその下に秘密の地下室を作らせ、そこに地球を破壊させないための「智恵」を残すことにしたのです。

ギザのピラミッドは宇宙科学により建造された石で構築された聖書です。秘密の地下室には、それまで人類が学んだ宇宙科学の「智恵」が本にすると8冊分残されています。

モーゼの杖（アロンの杖）、ノアの箱船（UFO）、旧約聖書と新約聖書の原本、フリーエネルギー発電装置が今も稼働しているのです。

この地下室に入ることを許された人は、3200年前のモーゼ、2000年前のイエス、それと現代の知花敏彦氏の3人だけです。全智全能の宇宙科学を3人とも学んで、そのことを人々に説いたのですが、当時の人々の科学が未発達で、弟子たちには理解されなかったのです。釈迦も法として宇宙の科学を説いたのですが、やはり弟子たちに理解されることはありませんでした。

さらに言えば現代科学もまた宇宙の法則、絶対なる真理をまだ理解してはいないのです。

アトランティス文明は現代文明よりも進んだ文明だったと言われています。

地球の天変地異、長雨と極の逆転によりアトランティス大陸は沈没したのです。

このときノアの箱船（UFO）で救助されたアトランティス人は住民の3分の1で、その中でも特に精神文明のリーダーたちは日本列島とその周辺に降ろされたのです。

今から2万6000年前の話です。UFOの母船は長さにして12㎞と巨大だったのです。

高度文明生活から一挙に原始生活に入ったが、その知識は高かったのです。

この当時、台湾―先島《さきしま》諸島―沖縄―奄美―日本列島―朝鮮半島の南半分は1つの大陸だったのです。アイヌと沖縄人がアトランティス人となります。

それから2万年以上日本は世界の文明の中心地であり、当時日本語が世界の共通言語だったのです。

今から2万年以上前に日本には天皇家が存在し、13人の皇太子が世界に旅立ち、皇室のある国が13ヶ国ありました。いずれも親は日本、子は外国。十六菊花紋がマークでオリジナルは日本。イスラエルのダビデの城壁には今でも十六菊花紋が刻み込まれています。

古事記にイザナギとイザナミの会話が記述されています。イザナミは黄泉《よみ》の国から「あなたの子供を1000人殺す」と、イザナギは黄泉の国から逃れて「私は毎日子供を1500人産む」と発言。3分の1が生き残った計算になりますが、これがアトランティスの故事を語っているのです。

モーゼもイエスもシャンバラの会議に参加するためにしばしば日本を訪れています。当時の旧約聖書系エフライムの十支族も新約聖書系のユダの2支族も、日本が世界の中心であったことを知っていたから日本へ移住して来ているのです。旧約聖書派は歴史から消えた後、海のシルクロードを経由して、BC7世紀に船で黒潮に乗って沖縄から関西に上陸しているのです。

新約聖書系はＡＤ2世紀始めにヒッタイト系のユダ族であるスサノオが陸のシルクロードを経由して、出雲に上陸しています。そこでキリスト教を持ち込んだのです。

その前後に多くのユダヤ系のインドの月氏系の帰化人が日本へ移住して来ていました。

大国主命と少彦名命《すくなひこなのみこと》は出雲地方で国造を共同で行っていますが、少彦名命はアトランティス系（アイヌ、沖縄人）の天皇家です。10支族と2支族の多くのユダヤ民族、それにレビ族が日本へ帰化するためにやって来ました。モーゼ、イエスの教えが日本全国に普及していたことで、新約聖書系の大国主命に皇位を委譲したのです。このことが古事記に記述されているのです。

スサノオが持ち込んだヒッタイトの最新の鉄剣により、大国主命はユダヤの10支族とユダの2支族の統一王朝を形成することができました。

これが10月出雲の神有月の実態なのです。銅剣、銅鐸《どうたく》の文化の終焉により、荒神谷に大量に銅鉄と銅鐸が埋葬されることになったと考えられます。その後エフライム系の10支族が政権を大国主命から委譲されることになります。大国主命の長男はアジスキタカヒコネの命、母親はアイヌ系のアトランティス人でした。後妻はユダヤ系でその子供が事代主命《ことしろぬし》で後継ぎとなったのです。天皇位を譲ったのは少彦名神とアジスキタカヒコネ命です。そして事代主命が夷、恵比須と呼ばれ、裏天皇となったのです。

天皇家には表と裏が存在し、裏の組織は八咫烏《やたがらす》と呼ばれています。聖徳太子は摂政で、推古天皇が表で聖徳太子はまさに裏の天皇でした。聖徳太子が八咫烏の組織を作ったとされているのです。

今上天皇も皇位を皇太子に譲ると裏天皇の立場に変わります。

BC7世紀頃のこと、大国主命から天皇位を譲り受けた旧約聖書派は、大和朝廷を作り、神武天皇が即位することになります。その後、蘇我―物部《もののべ》の争いが激しくなり、皇太子の暗殺がひんぱんに行なわれるようになりました。物部が旧約聖書系で、蘇我は新約聖書系です。

聖徳太子の時代、10支族と2支族の皇位継承権の争いが激しくなり、聖徳太子は旧約聖書系に皇位を委譲する決心を下したのです。

そのために太子の子の山背《やましろ》皇子は勝てる戦を中止し、自害しています。

旧約聖書派がこのことに敬意を抱いたことから、その後、天皇が即位式に着用した衣装は太子が建立した広隆寺に寄贈されるという慣習となり、未だに続いているのです。

しかし蘇我一族は、豪族でありながら天皇家を上廻る権力を保持し、大和朝廷の権力を阻害し続けました。

その蘇我一族から権力を奪還する事件が、大化の改新です。

蘇我とは蘇える我、つまりイエスの復活の意味です。聖徳太子は景教徒であり、キリスト教徒ですが、基本的には神道系だったのです。

古神道もキリスト教も仏教も宇宙の真理、宇宙の法則を説いていて、釈迦とイエスは実は同じことを説いていたのです。

第5章　シャンバラ世界の指導者、地球へ派遣される！

先述したように、シャンバラの世界からの人類の指導者が、必要となる度、地球へ派遣されて来ています。そのリーダー格の人は、シャンバラの会議体のメンバーとなって人類を指導しているのです。

大昔にサナートクマラは魔王尊として鞍馬山にやって来て、その後3500年前には天照大神とかスサノオと呼ばれている古神道の指導者が派遣されました。出雲のスサノオとは、AD2世紀の始めに陸のシルクロード経由で出雲に上陸してきたユダヤ民族のリーダーのことをさすのです。

モーゼは3200年前、エジプトのユダヤ民族約10万人を40年かけて蜜流れるカナンの地、イスラエルに導いた人間です。

創造主に様々な奇蹟を起こす力と智恵を与えられ、イスラエルの手前のネボ山に留まり、そのまま幽体離脱して日本に戻り、皇室の長女を娶《めと》り、皇室のメンバーともなって、十六菊花紋の使用を許されています。

日本の糸魚川、黒姫山で行なわれていたシャンバラの会議に、しばしば幽体離脱して参加して、当時の多くの日本人に非常に多くの場所で教えています。

幽体離脱により、瞬時にどこにも行くことができたから、インドの座禅の祖、ボーディダルマ、達磨大師としてインドでも智恵を説いたのです。

釈迦はインドでしたから当然のことながら、モーゼである達磨大師の教えも身につけていました。中国の老子、道教の祖も実はこのモーゼのことなのです。

中国古代の皇帝、炎帝と呼ばれた神農（中国漢方の祖）もやはりモーゼのことだったのです。

ミケランジェロの角の生えたモーゼ像でわかるように、牛頭《ごず》天王、沖縄の御親アマミキヨ等々、いずれもモーゼのことだったのです。

中国千山道教の聖地　導師が私はモーゼ、大黒天はイエスと語る

ミケランジェロのモーゼ像　角がある

モーゼ　頭から２本の角のオーラが描かれている

沖縄に伝わるアマミキヨの神面　沖縄の国土を創造した神　アマミキヨはモーゼのこと

だからモーゼの呼び方はいろいろあります。権現…蔵王権現、熊野権現、広峰権現、秋葉権現、御嶽、天勾坊宮、天狗…烏天狗、鞍馬天狗などなどです。

神武天皇が大和の地の征服の戦の時に、熊野で八咫烏の道案内を受け、勝利しますが、これはモーゼ系の住民の協力を得たことが伝承されているのです。

旧約聖書の10支族が歴史から消えたのがＢＣ7世紀～ＢＣ6世紀のことです。

それに先立ってモーゼがしばしば日本を訪れていることから、世界の中心地が日本であることをユダヤ民族は良く知っていたのです。

だから12支族とレビ族にしてみれば、住む場所を奪われたなら日本に来ることは必然のことだったのです。

エフライムの10支族は海のシルクロード経由で日本に向かいます。ユダの2支族は陸のシルクロードと日本近海では黒潮に乗って海のシルクロード

で日本列島に上陸しているのです。シルクロードの終点は唐の西安ではなく奈良です。ですから奈良は海を渡って来た帰化人、外国人の多い国際都市だったのです。北海道のソーラン節はヘブライ語です。ヤーレンは喜んで歌う、ソーランは梯子の意味なのです。高い物見櫓から鰊《にしん》の大群を発見したことを唄っているのです。神輿を担ぐエッサのかけ声は、運ぶという意味になります。

ユダヤの12部族には各々レビ族が配置されていて、祭祀を担当しています。レビ族は元々日本の四国の山岳地帯の人々です。兎と呼ばれる日本民族がレビ族となったのです。

日本民族とユダヤ民族はコインの表と裏の関係。裏があっての表。表裏一体で、区別がつきません。世界の民族の中で輪廻転生の回数が一番多いのが日本民族です。次には本来のユダヤ民族となります。この2つの民族はそれだけ智恵が多い民族と言えるのです。

イスラエル国民はユダヤ教徒ですが、その中には本来のユダヤ民族でない民族が多いのです。

日本の神輿がアーク、契約の櫃《はこ》になったのです。

本物の契約の櫃はＢＣ７世紀頃、海のシルクロードで日本の福岡に上陸しています。予言者イザヤと天上界が相談して、日本へ持っていって保管することにしたからです。アッシリアの大使に契約の櫃を見せてしまい、取り上げられることを防ぐことにしたのです。アークは日本国内を転々とし、今は京都の禁足地で保管されています。

モーゼの説いた聖地では１２００年後になってイエスが説いている場所になっていることが多いのです。

イエスもシャンバラの会議の人間としてのメンバーで、幽体離脱によりしばしば日本に来ていました。幽体離脱した意識の状態で会議に参加し、会議が終わってバイブレーションを落とし肉体人間に戻り、当時の多くの人々とコンタクトをとっているのです。

中東に帰る時は肉体のバイブレーションを上げる。すると気体の状態となり空になり、意識体に戻る。そうすると日本では姿が消えることになるのです。

能登半島　宝達山　モーゼの墓　モーゼ公園

青森県戸来村　イエスの墓　戸来（へらい）はヘブライの意味　ヘブライ語の姓名の人も多い

当時の日本では人々は幽体離脱現象を知らなかったから、突然姿が消えたので死んだと思われ、各々の墓が作られたのです。

モーゼの墓は能登半島の宝達山にあり、そこは今モーゼ公園となっています。

イエスの墓は青森県の戸来《へらい》村にあり、地元の人は戸来とはヘブライの意味だと言っています。

徳島県には栗支度《くりしど》神社があり、そこはまさにユダヤ神殿であり、当時この場所でイエスが説いたことから

徳島県栗支度神社でのイエスの意識体

聖地となっています。

弘法大師空海は、唐の長安で先ず景教を学び、次いで真言密教の正式な後継者と恵果から認められました。

当時、中国では景教が正式な宗教として公認されていたのでした。

唐にあった景教碑のレプリカが高野山に建てられています。

ここにはシリア語と中国語で旧約聖書と新約聖書のこと、つまりアダムとイブのことが記録されています。

釈迦は2500年前にインドのカシミールで悟りに達し、仏教を説きました。

悟った後も幽体離脱して日本へも来訪しているのです。

イエスは十字架から復活してから約1ヶ月後、インドのカシミールへ移動して、人々にキリスト教を説き、67歳で天へ帰りました。そして天へ帰る時には肉体を残していないのです。

このことは、今のラダックにあるヘミス寺院に木切れの記録として残されています。

というわけでインドでは釈迦とイエスの２人の教えが残されているのです。

釈迦もモーゼの教えを知っているし、イエスもモーゼの教えを十分理解していました。

ユダヤ民族の教えはチベット密教に真言密教として引き継がれていることになります。

真言とは本当の教え、密教とは視《み》えない世界の教えと言う意味です。

２人とも宇宙真理、宇宙の法則、宇宙の科学を説いていたのです。

ラダックのヘミス寺院

釈迦の過去生はアトランティス人のトート神です。ギザのピラミッドを造ったまさにその人です。

モーゼもイエスもピラミッドの秘密の地下室で宇宙の科学を学んでいるのです。トートの生まれ変わりが釈迦だから、モーゼと釈迦とイエスは同じ宇宙の真理を説いていることになります。

この3人の教えは、現代においては知花敏彦氏と上江洲義秀氏とに引き継がれました。ですから日本で一番重厚な教えが残されていることになるのです。

イエスの聖書には「いずれ万人に神が解り易く説きあかされる時が来る」と予言されているし、ノストラダムスは「太陽の国から今まで誰も知らなかった神の世界の法則を説く人物が出現し、万人がそれを理解する時が来る」と予言しています。トート神、釈迦、聖ヨハネを過去生に持つ知花敏彦氏がまさに太陽の国で人々に宇宙科学を説き明かしているのです。

3つの宇宙の法則が、この地球上に起こる全ての現象の100%を支配している。そのことを現代科学と現代人は未だ理解していないのです。

第6章　モーゼ、イエスが学んだ宇宙の法則とは何か

創造主がこの宇宙を創造し、星々と地上の鉱物、植物、動物、そして人間を創造しました。そして宇宙の法則を創り、この法則が守られるように人類を指導する最高の機関、シャンバラの会議を必要な都度開催し、この法則が人々に守られるように指導しているのです。

天という原因の世界と、地という結果の世界は表裏一体で、原因と結果は1つです。宇宙と自然界には敢然《かんぜん》として法則が存在し、全てを支配している。偶然に起きることは1つもないのです。

この本では、アカシックレコード（全智全能の智恵の社会、創造主の宇宙生命、

無限大の光生命エネルギーの存在、全てのエネルギーは、万象万物はこの光エネルギーによって生かされ、構成されている根源の存在）から直接テレパシー（以心伝心）で情報を瞬時に貰える知花敏彦氏から直接貰った情報をお伝えしているのです。

創造主の天地創造のプロセスはこうです。

創造主は始めから1人で存在していた。始めなき、終りなき存在、不死不滅で無限大の宇宙生命エネルギーだったのです。全智全能の智恵者で、完全なものしか創らない。原因なき原因と言われている存在なのです。

あるとき創造主は自分の分身を創ることにしました。「光あれ」と発声すると、原子（エネルギー）と電子（質量）が創られました。陽と陰、プラスとマイナスが生まれたのです。

このプラスとマイナスが完全にバランス（調和）すると、中心はプラスマイナス0の中性となる。この中性のポイントから光の二つの回転運動が生れる。

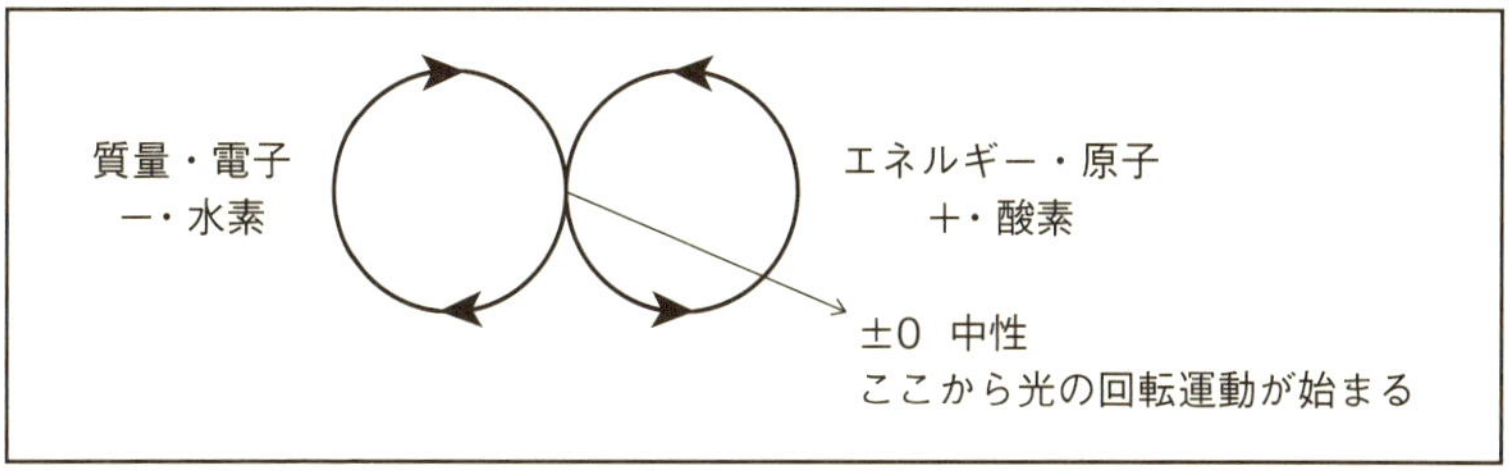

右が放射　左が吸引で光の発生を永久に閉じ込める運動を行っている。

これを西欧ではメビウスの輪と言い、日本ではアシカビの回転と言うのです。

このひょうたんの形は中の水を永久に回転させるから、水は腐らないのです。

この光の回転速度は1兆8600億回転／秒、自然界で最速で最精妙のものです。光の周波数でもあります。

この速い回転で原子と電子を結合させ、電子の数を増やしていくと様々な元素が創られ、物が創造されていく。常温の元素転換の原理で、これが「光の発生の原理」であり、物の創造の原理となります。

最初に創られた物質が水蒸気で、視ることはできない。

この光の発生の原理を「創造の力」と呼び、物の創造の

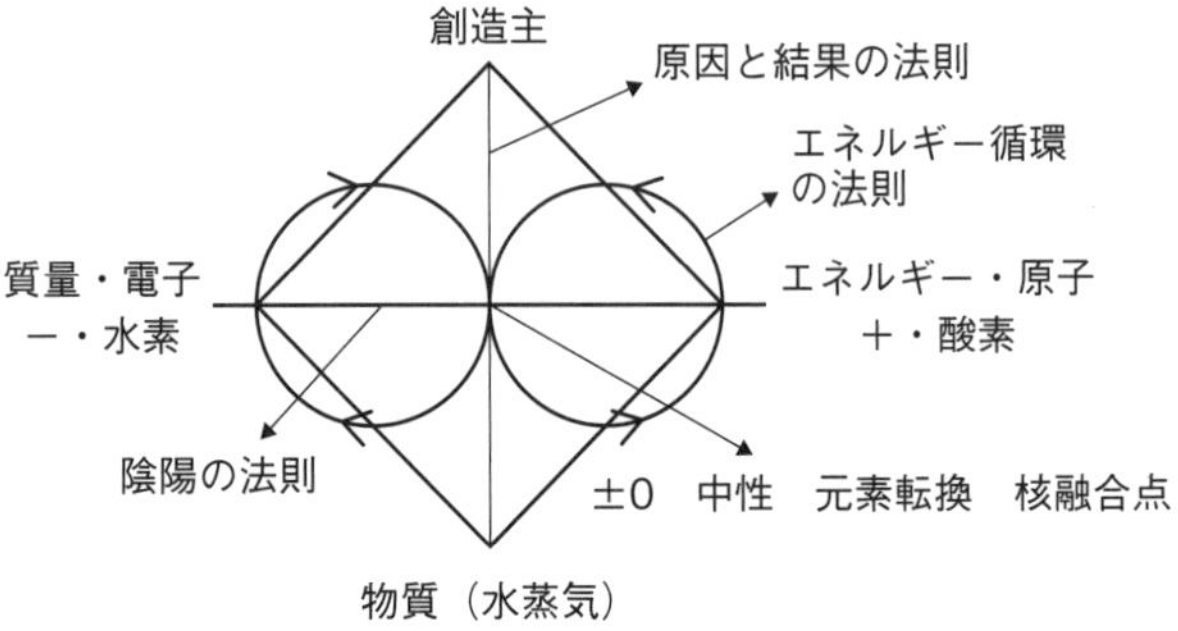
創造主
原因と結果の法則
エネルギー循環
の法則
質量・電子
ー・水素
エネルギー・原子
＋・酸素
陰陽の法則
±0　中性　元素転換　核融合点
物質（水蒸気）

古事記の天地創造

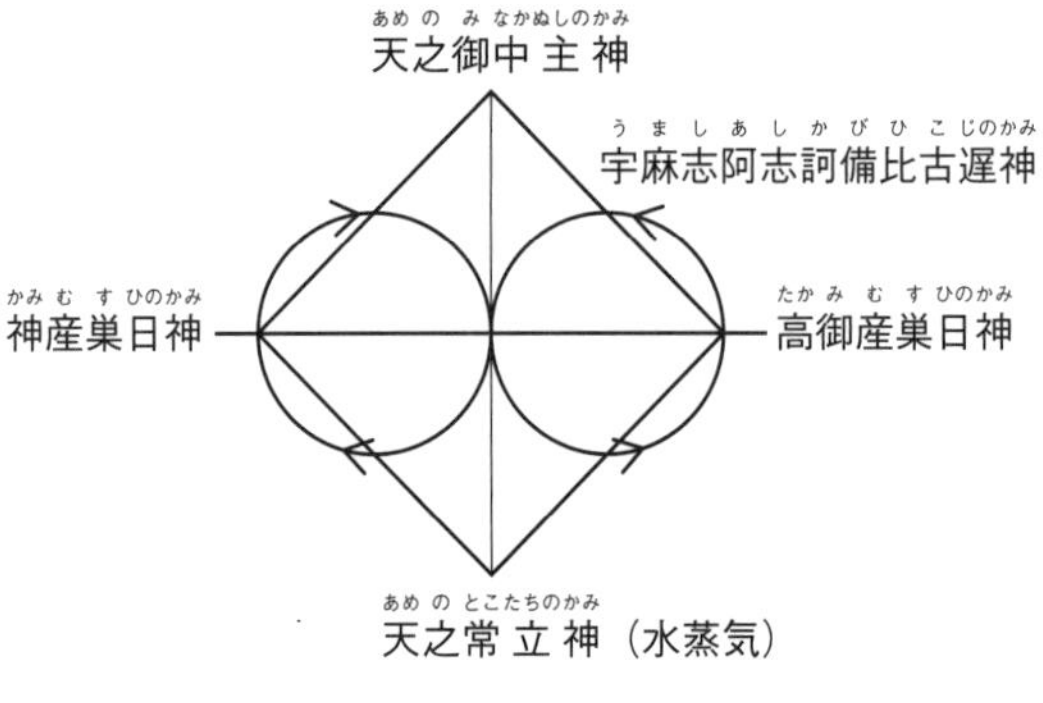
天之御中主神《あめのみなかぬしのかみ》
宇麻志阿志訶備比古遅神《うましあしかびひこじのかみ》
神産巣日神《かみむすひのかみ》
高御産巣日神《たかみむすひのかみ》
天之常立神《あめのとこたちのかみ》（水蒸気）

原理を「創造の場」といい、この2つによって始めて物質が創造される。これを図示すると50ページの図のようになるのです。

日本の古事記の神々をこの図形にあてはめます。

創造主の天地創造のプロセスで3つの宇宙法則が生れます。

この宇宙の法則は単純明解、再現率100%ですから、絶対なる真理、永遠に働く法則となり、地球と世界に起きることの100%、一切を支配している存在となります。

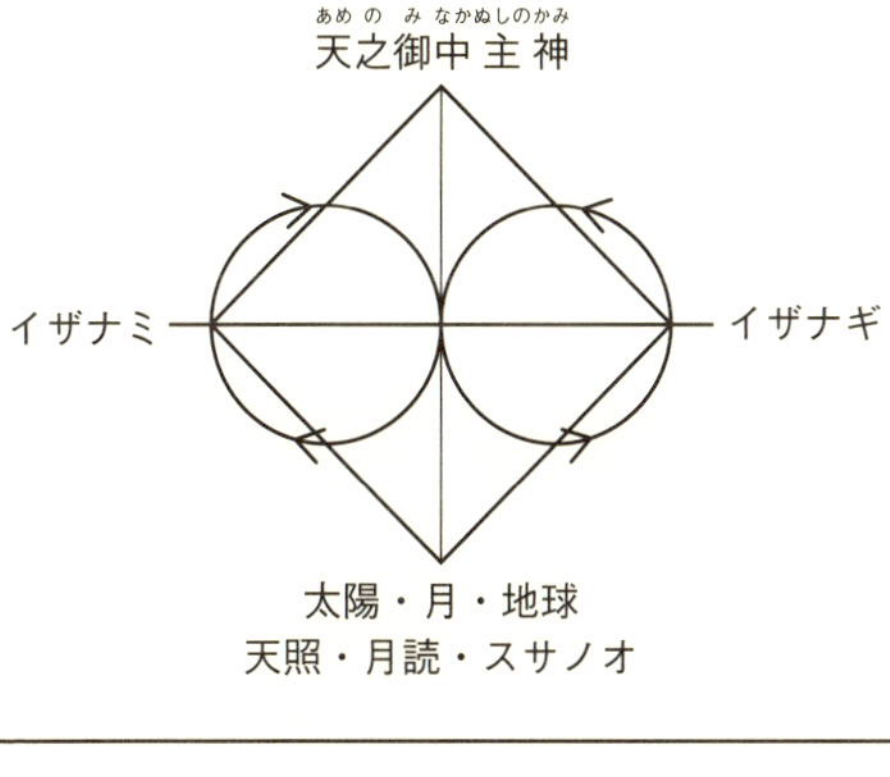

①陰陽の法則　−　—　＋

②原因と結果の法則

原因・天
｜
結果・地

—と｜で十となる。一を聞いて十を知るとなります。

仏教とキリスト教は卍と十です。まさに一を聞いて十を知るカタチを表しています。

「瓢箪からコマ」という光の回転運動によって、様々な物質が生れてくること。

これをエネルギー循環の法則 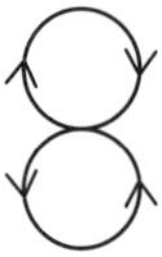 と言います。

古事記には始めに三柱の神あり。次いで二柱の神が生れる。

五柱の神はいずれも独り神にして、姿を現していない。光も水蒸気も見えないからです。

自然界に起きる全ての森羅万象、出来事は、全てこの法則を守るか、犯すかによって発生しているから、偶然に起きることは何もないことになるのです。

全ての事象に原因と結果がある。そこに作用―反作用の法則が働いていることを現代人は見過しているのです。

アシカビの回転は光発生の原理、生命エネルギー発生の原理そのものです。

鶏と卵、どちらが先か答えは出ないですね。

しかし、宇宙の法則は光という生命が生命を産み、生命が回転運動を行って肉体を創った。こういう順番になるのです。

モーゼはシナイ山の隣にあるセルバール山の山頂で祈り、瞑想しました。

そして十戒を創造主から受ける。この十戒はモーゼにより日本に於て人々に説かれ、善十戒として広隆寺に伝えられているのです。

モーゼは瞑想の達人だった。その一部はインドで説かれ達磨大師の禅として現代まで受け継がれているのです。

モーゼが瞑想を行った別の場所もあります。沖縄の真栄田岬《まえだ》です。

シナイ山の麓で創造主は柴の木に燃える炎として姿を現しました。

そこが現代の聖カタリナ修道院、世界最古の修道院となっています。

モーゼは創造主に問うたのです。「あなたは誰ですか?」と。答えは「私は調和です。波動でもあります」でした。これは+と−とが完全調和すると、光の二つの回転運動が始まる。光の回転運動により、振動が発生し、これが波動となる、ということだったのです。しかしモーゼにはその意味が解らず、もう一度問いま

聖カタリナ修道院の「燃える柴」

す。「あなたは誰ですか？」。答えは「私は有りて有る者です」。

　モーゼが説いた日本の聖地では、今でもモーゼのシンボル「ひょうたん」と木の杖（モーゼ、アロンの杖）、有の神紋が見受けられます。そして亀の形のお守りや絵馬が販売されているのです。

第7章 皇室の三種の神器は宇宙を支配する宇宙の法則に由来している

日本の皇室には三種の神器《じんぎ》があり、ユダヤにも三種の神器があります。日本では鏡・玉・剣であり、ユダヤではモーゼの杖・十戒石・マナの壺です。

日本の神器は、宇宙法則の図形から法則となっています。ミクロコスモスとマクロコスモスで、不可視の世界と可視の世界の表裏一体の関係を具現しているものなのです。

見えるマイナス極と見えないプラス極の2極は調和、バランスして1極になっていることを示しています。

表裏一体、天地一体、原因と結果は1つであることを示しているのです。

ユダヤの神器は、モーゼと創造主との交流から生じた神器をさしているのです。日本の勾玉の玉とは、玉と魂です。見える玉と見えない魂の両方から形成されているのです。

陽はエネルギーで見えない。陰は物質で姿、形があり、目で見える物です。ピラミッドも同じ構造です。地上は石組、地下には逆三角形の見えないエネルギーのピラミッドが存在しているのです。

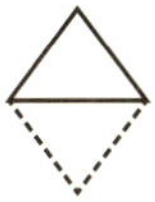

勾玉の2つの組合せ図形は大極図と呼ばれ、高速回転しているとも考えられています。

鏡は人の顔の表情を映すものですが、同時に人の波動をも映しています。

人の吐く息は、その人の波動を１００％表現しています。息という文字は自と心を合せたもの。自分の心の波動ということなのです。

日本の昔の剣は、両刃の剣。陰と陽の一と1の十字、2極が1極になることを表現していたのです。

今までは善と悪、天使とサタン、陰と陽、上と下、光と闇の対立構造で人々は考えて来ましたが、これからはそれが完全調和して1極になると理解すべき時代に入ったのです。両刃の剣は左右完全対象です。

これを真釣りと表現します。完全調和の状態を指すのです。

釈迦は完全調和の状態を慈悲と表現し、イエス・キリストはこれを愛と表現しました。それで慈悲の仏陀、愛のキリストと呼ばれているのです。

日本の三種の神器の八咫の鏡の裏にはヘブライ語で「ありてあるもの」と記述されていると言われています。

真釣りのことを政事まつりごと、祭と言っています。

おみこしは鎮守の森がゴールであり、全員の役割分担が自ずと皆んなが理解している。全員参加型のリーダーシップのとり方の実践になっています。

宇宙の法則と三種の神器

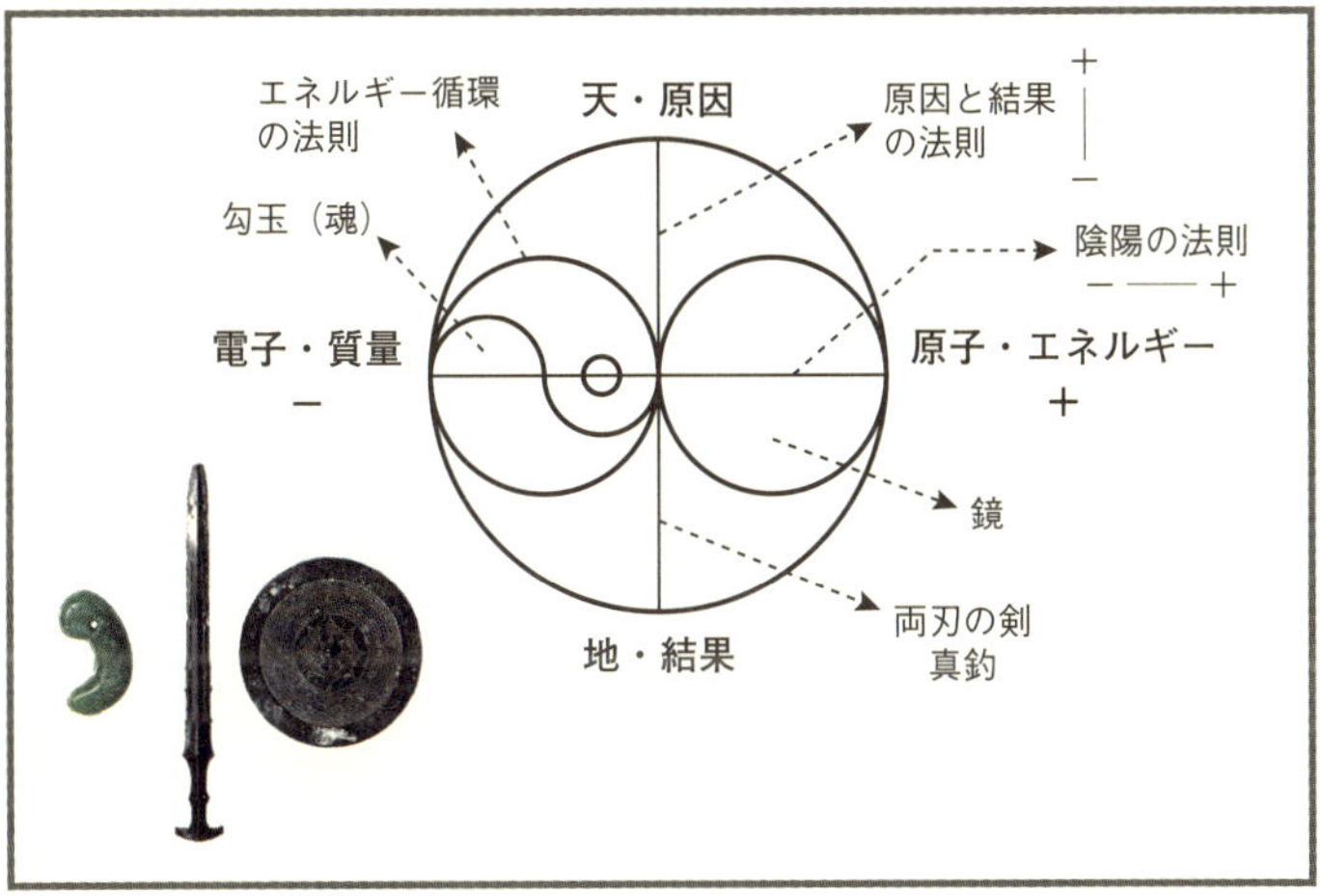

—｜を聞いて十を知る　—と○を聞いて宇宙の真理を知る

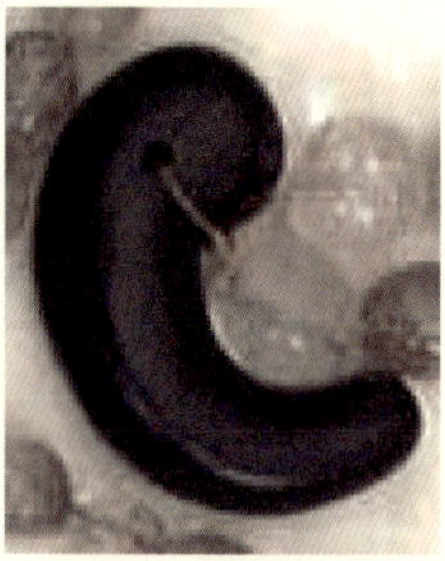

今帰仁ノロの勾玉

沖縄斎場御嶽出土　金の勾玉（斎場御嶽パンフレットより掲載）

八咫鏡　ヘブル語　ありてあるもの

そして勾玉は沖縄の心とも言われています。沖縄の波動は全世界に伝わる。沖縄は世界のヘソだからです。

第8章　宇宙科学（天）と現代科学（地）の根本的な違い

三種の神器から、見える物質と見えないエネルギーの世界の、両方で1つの存在であることを理解している人々がいることが解りました。

現代科学は量子力学に見られるように、姿、形のある物質を対象にしています。物質は見えないものである原子と電子（エネルギーと質量）の集合体であるから、見える物は見えないものから形成されているのです。

原子と電子は見ることができない。エネルギーも見えない。電気を見た人は誰もいない。いわんや法則は目で見ることはできない。

科学者は要求する。分析結果を出しなさい、証拠を見せなさい、根拠を示しなさいと。

見える物は見えないものの結果として存在しているもの。原因は見えない原子と電子です。結果をいくら分析しても原因は解らないのです。

血液分析をして、肝臓が悪いことは解るが、悪くなった原因は解らないのと同じです。

熱力学には次の2つの法則が示されています。

（1）エネルギー不滅の法則―生命はエネルギー不滅…生命には死はない。生命―意識体↓肉体を纏う↓肉体を脱ぐ↓意識体に戻る…循環があるだけ、死はない。

（2）物質にはエントロピーの法則が働き、誕生と死がある。必ず消えてゆく世界…仮相で本来ない世界。

見えないもの、空気、原子と電子は壊せない―不死不滅、久遠常在の存在。

現代科学は物理学と化学が中心となって、見えないものは対象外としています。

人間の知識、常識とは、宇宙久遠の世界からはないもの、存在しないものです。それは偽物、嘘の存在であり、知識はあの世へ持ち帰れないものです。なぜならば知識とは肉体の五感を通して物質から得るものだからです。

消え去る存在しないものから得ているものは、嘘、幻となります。

一方で、智恵は内から湧いてくるもの、直観、啓示、閃きです。本物だからこそあの世へ持ち帰れて蓄積できるもの、となります。

神とは何かを現代人は理解していないのです。シャンバラ、全智全能の世界は告げる。「神とは原子と電子とに働く法則のこと」だと。これが宇宙科学、原因の世界の本当の科学のことです。これが現実そのもの、科学そのものが神だったのです。

これまで人間の概念（ドグマ）と宗教が神を捏造して来ていたのです。

天上界は警告している。「今の仏教、キリスト教、イスラム教は溶けてゆく」と。

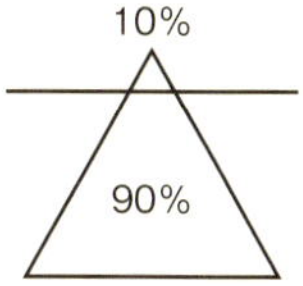

氷山は海上の10％しか見えない。
海中に90％の見えない部分が隠されている。

意識の世界からこれを見ると、表面意識、知識の世界が10％、潜在意識、智恵の世界が90％となり、10＋90＝１００となる。

ＩＰＳ細胞でノーベル賞を貰った山中教授は語ります。「人体の知識について、現代科学は１００点満点の10点しか知らない」と。

人間は知っていることは知っているが、自分がなにを知らないかを知らない。

全智全能の世界、アカシックレコードの世界から観ると、人間の知識は１００点満点の５～６点しかない――これが現実の姿です。

人間の構造、心とは？　意識とは何か？　を現代人は理解していなかったのです。

心は宇宙に１つしかない。心とは創造主の唯一の宇宙生命しか存在していない。それを知らないから、人は「心を一つにしましょう」と言うのです。個人意識を勝手に創り出して、自分ファーストになる。これを「自我」と言うのです。宇宙意識は1つしかないから「神我」と言っています。

自我は始めからないもの。ほとんどの人々は肉体が生きていると考えている。生命エネルギーを無視していることを、聖書では死人と言っている。この世は死人がごろごろしていると。

命を認めている人も、個人の命と錯覚している。

命のことを神と言うのです。創造主は唯一神で全智全能、人間は全員、創造主の命によって生かされていることを知らないのです。

生かされている命と生かしている命は別々にあり、と人々は2元論で受け止めている。しかしこれは1極で1元論が真実なのです。

人間の構造を正しく理解する必要があります。

空気を冷やすと雨となり、雨を冷やすと氷となる。反対に氷を温めると水となり、水を暖めると水蒸気となり気体へ戻る。

姿、形は異なっても本質は同じです。気体という見えない存在が基本。これを三位一体と言っているのです。冷やすことはバイブレーションを下げること、温めることは、バイブレーションを高くすること、でもあります。

人間にも三位一体構造があり、心、意識にも三位一体構造がある。

人間の意識は三重構造となっている。表面意識は肉体を守る心で、情報は肉体を通して物質から貰っている。これを知識と言っているのです。

人は通常はこの表面意識を使っているから、潜在意識や超意識は働けないままでいる。表面意識を眠らせないと、潜在意識や超意識は働かない。潜在意識には過去生の記憶、過去生で得た智恵が全て記録されている。ＤＮＡとは記憶のこと。肉体のことではないのです。

超意識は創造主の全智全能の智恵とオンラインで繋がっています。

全智全能の智恵、アカシックレコードの世界、これを良心、本心と言うのです。

人間はこの世とあの世の集合体。三位一体の世界、天と地を繋ぐ架け橋の構造

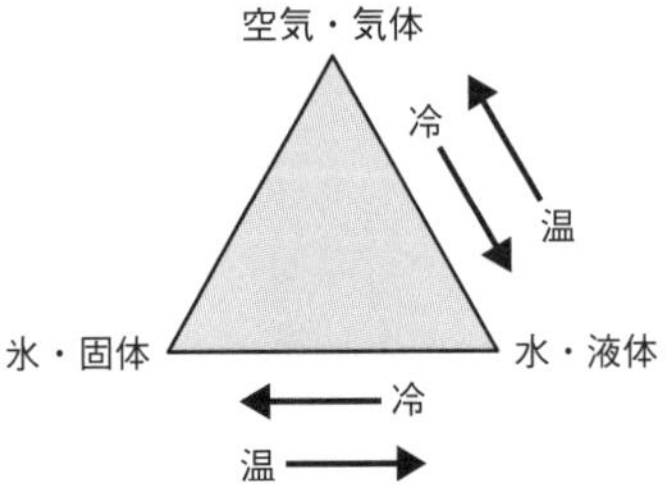
空気・気体
冷
温
氷・固体
水・液体
冷
温

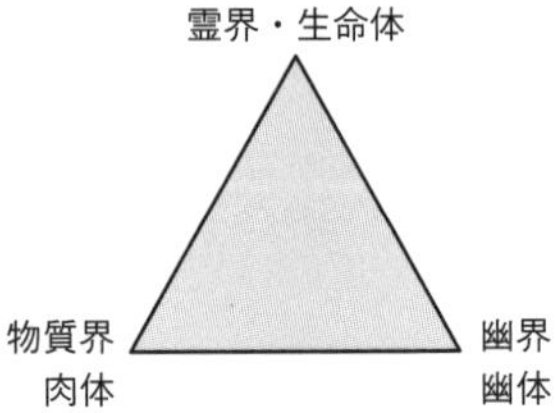
霊界・生命体
物質界
肉体
幽界
幽体

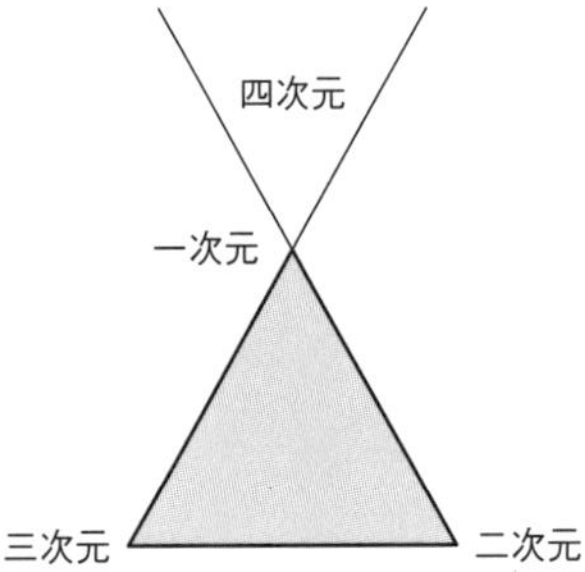
四次元
一次元
三次元
二次元

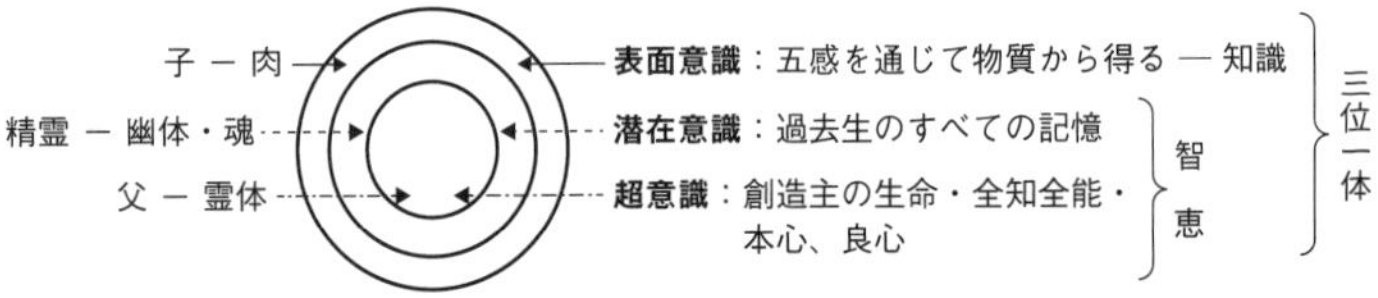
子 ー 肉
精霊 ー 幽体・魂
父 ー 霊体
表面意識：五感を通じて物質から得る ー 知識
潜在意識：過去生のすべての記憶
超意識：創造主の生命・全知全能・本心、良心
智恵
三位一体

を持っています。

救い主は我が内にあり、魂と霊体（超意識）は心臓の後に位置している。このことをハートに神宿ると言っています。

悟りに達した覚者は、自分が創造主の分身であることを理解しているからテレパシー（以心伝心）により、瞬時にアカシックレコードの世界から本物の情報を貰うことができるのです。

世に流布されている情報の99・9％はアカシックレコードとしっかりコミュニケーションできていない、途中の段階からの情報に振り廻されているのが実情。

創造主とオンラインの細胞を宇宙細胞ともコスモ細胞とも言っている。

古神道で言う惟神《ゆいしん》、神惟《かんながら》の道とは、自分の心臓の後のコスモ細胞に全託して全ておまかせ状態にすること。

これが最高の悟りの状態。外から知識を学ぶことは全く必要なくなる。

人間の常識は、宇宙の非常識であることを現代人は理解していません。

智恵は直観、啓示として内から湧いてくるもの。だから釈迦は外を観るな、内を観よ、内観しなさい、憶念《おくねん》しなさいと説いています。

NASAのアポロ計画で月へ行った宇宙飛行士は、全員NASAを辞めて、新しい人生を歩んでいる。一方、スペースシャトルの宇宙飛行士は全員NASAに残っている。この違いはどこにあるのだろうか。アポロ14号で月へ往ったエドガー・ミッチェル氏が日本へセミナーのために来日し、筆者は3日間ミッチェル氏と同行することができました。

ミッチェル氏に問う。「月ではどんなことがあったのですか?」

答え「月に行くと、宇宙飛行士全員が感じることがあります。月にはすばらしい智恵が満ちているのです」ミッチェル氏はインテリジェンスがあり、それは神の智恵とも言ってもよいレベルのものであると語った。月まで行った宇宙飛行士は全員そのことを感じるのだとのこと。

「どうしたらそのインテリジェンスから情報を貰えるのですか?」

「それは直観力によってです」ミッチェル氏は地球に戻ってから、直観力の養成に努めました。

月まで行くと、神の正想念の世界となる。波動はとても高く、精妙となるから月まで行った宇宙飛行士は1日でも月に滞在すると、細胞が洗浄されて感性が高くなる。すると直観力が高くなってきます。

地球上には、人間の自我による自分さえ良ければの粗雑な波動がたくさん飛びかっている。スペースシャトルは地球の引力圏の一番外側だから、地球では一番波動の高いスペースにある。しかし、神の正想念の波動ではなく、人間の悪想念の延長線にあります。

パイロットやキャビンアテンダントは、他の人間よりは波動の高いエリアで過ごす時間が多いことから、普通人よりは意識が高いのです。

スペースシャトルの宇宙飛行士は全員NASAに留まる。人間の科学が最高と思うからです。

ここに天と地の違いがあります。

ミッチェル氏の自宅の居間にはマンダラが置かれている。

ミッチェル氏は日立市にある天狗のいる御岩神社に案内された。

その時ミッチェルさんは龍を見た。自分はなんのために日本に来たのか！　日本の磁場を調整するために来たのだと感じたという。

意識の高い人は、天と繋がる精妙な波動と高い感性を持っていることを知るべきです。

感性の低い人は、自分よりも感性の高い世界を感じ取ることができないことを理解すべき。高周波と低周波との違いがあり、低周波は低バイブレーションとなるから、知識がいくらあっても学問で救われることはないことを知るべき。命こそ全智全能の智恵があることを理解すべきです。

天を意識すると天と繋がり、地の闇を意識すると闇と繋がるという法則が働いているのです。

現代科学は行き詰まっている。科学者は地球の自然破壊の原因を理解していないから、自然を修復する方法を知らないのです。

医学はガンの原因を知らないから、ガン細胞を切り取るか、焼き殺すしかしていません。生命維持装置にかけて、強制的に生かしておく。本人は苦痛そのもの。

人生は魂の修行にあることを理解していないからです。

宇宙空間には人間として生まれ変わる順番を待っている意識体が600億も存在し、転生の順番を待っている。このタイミングを医学は狂わせている。宇宙の法則を理解して、シャンバラの世界の人類指導のプログラムを知ると、未来の予知はできることになるのです。

この地球に起きている全ての事象は、宇宙の法則によって100％発生しているのです。

人類がこのことを理解したら、ユートピア社会が現実に実現することになる。光のエネルギーを発生させ、これを病気の治療に活用すれば、病気の原因をなくすることができる。そして常温の元素転換の原理を活用すると、難病がその場でなくなり、血や肉や骨を3分で創り出します。

体内の有害物が無害となり、血液が正常化すると、そこには病気の原因がなくなる。難病が治るのは当り前のこと。

自分の本質が宇宙生命であり、完全な状態であると想うと、病気から解放されることになるのです。

人間は創造主により創られたもの。神の化身、完全に創られているもの。

自分は完全な存在だと憶《おも》うだけで病気はなくなるのです。

第９章　天上界が明かす未来……「ユートピア社会」がまもなく実現する！

天上界は人類が大陸沈没により退歩しないように、２万年以上昔から人類の進化のプログラムを作成して実行しています。

先述したようにギザのピラミッドは光エネルギー発生装置であり、石で造った現代の聖書です。その秘密の地下室に智恵を残し、それを見聞してモーゼとイエスと知花敏彦氏が宇宙の科学を世に広めたのです。

その結果、ＡＤ１９９９年に起こる予定だった日本列島沈没を防ぐことに成功したのです。

人類を進化させるためにＡＤ２０１２年から２０１７年前半まで地球のエネル

ギーを高めたことによって、時間の経過が速くなりました。

ここ2万年間続いた感情タイプを理性（精神）タイプへ進化させるようにプログラムしたのです。

感情タイプは自分の感情を抑えるエネルギーの少ない、自分ファーストのタイプ。金々、物々、自分さえ良ければのタイプで人と争う。

理性（精神）タイプではエネルギーが高くなると（意識が高い）、自分の感情を抑えることができて、理性的にふるまうことができるようになるから他人と争うことがなくなります。

究極は霊性タイプ。感性が高く、天と交流できるタイプです。

昔の人々は水晶人間（イズラエルびと）と呼ばれ、天と交流ができた。巫《みこ》、シャーマンタイプでは、天上界のプログラムを感じ取ることができたので、自ずとユートピア社会となるのです。

その人の波動はその人の吐く息に全て表れる。息とは自分の心と書きます。聖者はその人の吐き出す息を判断して、全ての病気の有無、その人の過去生の状況を読み取ることができるのです。

粗野な息は破壊の波動です。これが地下のプレートに貯《たま》り、天変地異を呼び起こすのです。中国や紛争の地は天変地異、異常気象、災難、事故がどんどん起きてゆくことになります。

take&take　パルス波動　破壊の波動

give&take　交流波動　善と悪にゆれ動く

give&give　直流波動　不動心　静寂な心　奉仕

これからはgive&give、共存共生、救け合い分かち合いの人しか生き残れないから、ユートピア社会が実現することになります。

天上界ではユートピア社会の設計図、青写真はもうとうの昔に完成しているのです。人類の進化のプログラムを立案し、実行しているのです。

見えない世界が原因の世界で、その想いの結果が現実界、地上界に現れてくる。人には1人で1体の守護霊と30体の指導霊があなたを守り、指導しています。見えないものに心を向けないと、指導を上手に受けることができなくなるのです。

この大気中にはあなた個人に必要な情報が飛びかっている。14万4千人の大師方や菩薩クラスの指導者が地球に配置されているのです。

20世紀には高い意識の人間が地球に1600人派遣されており、その方々は今もどこかで活躍している。そのうち日本には692名派遣されていて、これは全体の43％を占めています。天上界はそれだけ日本民族の活躍に期待をしているのです。

沖縄が今年（2018年）から心の文明の世界の中心地となり、世界中から感性の高い人々が沖縄に集るようになります。

宇宙科学（宇宙の法則）をベースにした第一次産業がこれからの産業の中心核となるのです。なぜなら物質文明は崩壊する定めにあるから。金々、物々、自分さえ良ければのパルス波動は地球の自然と社会生活を破壊に追い込んでしまったのです。

ですから全ての産業は土に帰ることになる。命を育てる産業―農業―畜産―水産―林業となるのです。さらに景色、文化遺産、グルメではなく、光を観る本来の観光中心となっていきます。

自分とは何か、天とは何かを求めて古神道の説いたかんながら（神惟）の道、創造主に全託する道が受け入れられ、天と地が繋がり、奉仕の精神を発揮し、共存共栄、救け合い分かち合いが当たりまえのユートピア社会が実現することになります。

天上界はＡＤ２０１２年からＡＤ２０１７年半ばまで地球のエネルギーを強くして、理性タイプへと進化させようとしたのです。このことを人々はフォトンベルトとかアセンションと呼んでいます。

権力者の嘘とだましが横行していて、これがバレるようにする必要があったのです。

そのために地球のエネルギーを一時的に水星の逆噴射により落とし、時間のスピードをゆるめるようにしたのです。嘘をつく人、だます人のごまかしが通用できなくなるように仕向けたのです。超独裁者が行き詰り、一般国民の主張が通るようになってきました。独裁体制は縦社会、管理社会です。

今は横社会へ移行中なのです。チェーンブロックシステムが発展し、情報を誰でも共有し、独占することができないシステムが急速に拡がっています。

新しいユートピア社会に邪魔になる人、必要のないものがどんどん破壊されていっている。創造のためには破壊が必要となります。このことを創造的破壊と呼んでいるのです。

AD2020年からユートピア社会の建設がスタートします。

宇宙の科学により、全ての宗教、科学が統一されていき、争いがなくなる。あとわずかで世界から国境がなくなり、ワンワールドの世界となるのです。そうなると、戦争もなくなり、難民問題も解決します。

今発生している飢餓問題も宇宙科学を応用した農業により、砂漠が畑になり、化学肥料で破壊された畑地もすぐに回復する農法に変わります。農産物の収穫を

4倍以上にする農法、医食同源の薬効成分を持った栽培技術ももう開発されています。まさに衣食足りて礼節を知る、の世界に変わるのです。

霊太陽は日本から昇り、地球が聖なる星となる未来は近いのです。

第10章 シャンバラの世界とユダヤ民族と日本民族の共同作業で聖なる地球作りが実行される!

日本民族とユダヤ民族はコインの裏と表一体の関係

シャンバラの世界から派遣されたサナートクマラ、トート、モーゼ、イエスが世界に宇宙の真理を説きました。このとき一番濃く説いたのが日本民族に対してであり、その教えを一番深く理解したのも日本民族であったのです。

古事記に記す天照とスサノオの受警《うけい》は、日本民族を本来のユダヤ民族が21世紀に入り支援するという予言なのです。日本民族とユダヤ民族はコインの裏と表の関係にあると述べました。表の物質界の支援者がユダヤ、裏で精神文明、心の文明のリーダーが日本民族ということで、表裏一体となるのです。

岩戸隠れは物質文明の崩壊、ネタニヤフ政権の崩壊、闇のユダヤ組織（戦争屋）の崩壊を意味しています。岩戸開きは日本民族が世界のリーダーとして登場することを物語っていたのです。

ユダヤ民族のエフライムの10支族とユダヤの2支族は帰化人としてBC7世紀からAD7世紀にかけて海のシルクロード、陸のシルクロードを経由して、大量に渡来し、日本民族と溶け合っているのです。

沖縄〜本土〜北海道まで、アトランティス系のアイヌ、沖縄人とユダヤの12支族とレビ族の混成チームが現日本人なのです。

レビ族は四国の忌部一族、兎と呼ばれた日本人です。ユダヤ教は実は日本の古神道と旧約聖書と新約聖書のミックスされたものだったのです。

日本はAD7世紀に唐の都長安に遣唐使として留学生を派遣して大陸の文化を学びました。釈迦は2500年前に仏教をインドで説き、イエスはAD1世紀にイスラエルを離れ、インドのカシミール中心に人々を説き、67歳で天へ帰っています。

インドでは釈迦とイエスの教えが遺され、チベット密教の真言密教として唐にも伝えられていくのです。空海は景教（キリスト教）と真言密教の双方を学んで帰国しています。釈迦もモーゼの教えを取り入れているので、日本の宗教は古神道と宇宙の法則が中心となり、世界で唯一、宇宙の科学で宗教を説いていることになります。

モーゼもイエスも知花敏彦氏もギザのピラミッドの秘密の地下室で宇宙の科学を学びました。

アトランティスの精神文明のリーダーたちは、トート神のように物質化現象を起こすことができました。ですからギザのピラミッドも物質化現象により建造されたものなのです。そして日本各地にもピラミッドが建造されています。

シャンバラの世界は地球に7ヶ所有り、本部はヒマラヤのローチェ山、ギザのピラミッドもロンドン近郊のストーンヘンジもシャンバラの入口です。シャンバラの入口には、西欧ではライオン、東洋では虎、南米ではピューマがいて守って

秋葉山本宮秋葉神社　門前のライオンの阿吽像

秋葉神社を守る阿吽のライオン像　シャンバラの地を守る　西欧ではライオン

秋葉神社　モーゼの意識体

秋葉神社　山門の兎と太陽　兎は忌部族の紋　日本は太陽

います。口をあけたライオンに喰い殺されると恐怖を感じた人間は未熟者で、シャンバラの世界へ入ることを許されないのです。

人間の本質は肉体ではない宇宙生命そのものだからです。

ギザのピラミッドはスフィンクスライオンが守っています。

日本の秋葉山はユダヤ民族の聖地として崇められて来たのです。モーゼの教え通り、入口を2頭のライオンが守っているのがその証拠です。

鞍馬寺では2頭の虎が守っています。神社の狛犬は日本独特のアレンジがされたものです。沖縄のシーサーはライオンに近いのです。それだけユダヤ文明が濃く残っている地域と言えます。

レビ族は四国の兎と呼ばれた忌部《いんべ》族でしたが、その中でも三木家は天皇の柩をかつぎ、契約の柩もかつぎ、天皇即位式、大嘗祭の礼服、麁服《あらたえ》を織るのも三木家です。

ピラミッドのレイライン

アトランティス大陸の沈没によりUFOで日本に移住したのは2万6000年前のことです。その頃、台湾―先島諸島―沖縄―奄美―日本列島―朝鮮半島南部は大陸でした。その後沈下して今日の形になっていきます。当時の神殿が沈下して海に水没し、最近隆起を始めたのであちらこちらに海底神殿が浮上しているというわけです。

UFOは天変地異が収まるまで宇宙圏外へ避難しました。その時宇宙服を着用したので、その記憶が土偶で残されているのです。亀ヶ岡の遮光器土偶です。UFOは日本列島の沖縄～北海道まであちらこちらに集中してではなく、分散して人々を降ろしたと考えられるのです。

アトランティス人（アイヌと沖縄人）は人工のピラミッドを必要な場所に建造しています。3200年前にモーゼの説いた場所、2000年前にイエスと聖ヨハネの説いた場所が聖地となっています。

そして10支族がユダヤ教を祀った聖地、さらに2支族のキリスト教徒が祀った聖地が隠された知られざるピラミッドの山として日本に数多く存在しています。アトランティス系の聖地ピラミッドとユダヤ系の人々の聖地が重なっている場所も数多く存在しているのです。

ピラミッドの型にはいくつかの標準タイプがあります。

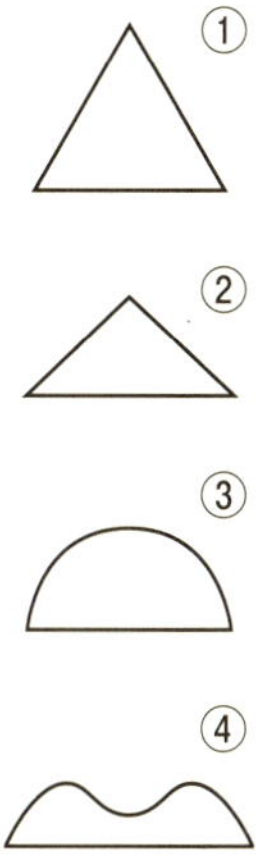

この①~④の4タイプです。

沖縄と出雲の八雲山はレイラインで結ばれています。

沖縄の伊江島と伊平屋《いへや》島は沖縄のパワースポットなのです。伊江島にはモーゼが訪れ、その後旧約聖書系の10支族が稲作を日本にもたらしたのです。伊江島の城山は聖山で、その周辺は湧水が豊富で棚田で稲作が行なわれていてホタルが出るのです。

伊平屋島と伊是名《いぜな》島は、皇室の先祖が出発した地と地元の人々は今もそう受け取っているし、皇室の皇太子もそう受け取っておられる。

石垣島に御神崎があり（拝む）、そこからピラミッドが見えるのです。

伊是名島には神降島があり、モーゼが訪れた地だと考えられ、近くにはピラミッドの山が複数存在しています。アトランティス系の人々がピラミッドを建造したのです。

伊平屋島の聖山城山も、聖地の面影を色濃く残しています。

このレイラインの先にあるのが出雲の八雲山で、これはピラミッドの山なのです。

八雲山と出雲大社を結ぶレイラインの線上には亀山があり、その奥に八雲山が位置しているのです。

のピラミッドの組合せになっている出雲大社と籠神社をレイラインに継ぎ、さらにその線を伊勢神宮に降ろすと北緯34度線のレイラ

八重山
出雲大社
出雲稲荷神社
天橋立
籠神社
海津神社
和多都美神社
元乃隅稲成神社
北緯 34 度 27 分線
伊勢神宮
伊雑宮
伊弉諾神宮
岩上神社（神籠石）
伊平屋島
ヤヘー岩
伊江島
城山

レイライン

石垣島　御神崎から見るピラミッド

伊是名島　神降島からのピラミッド

伊平屋島　聖山城山を拝する

インとなります。このレイライン上に山口県長門市の元乃隅稲荷神社があり、対馬の和多都美神社―淡路島の伊弉諾神宮、岩上神社（神籬石《ひもろぎ》）、そして伊勢神宮へと繋がるレイラインとなるのです。

出雲大社の遷宮60年と伊勢神宮の20年とが２０１３年に一致しました。

２０１６年には首脳会議Ｇ－７が伊勢志摩で開催され、世界の首脳が伊勢神宮を訪問し、外相会議は広島で開催され、オバマ大統領も含めて平和記念公園で献花しています。出雲大社はモーゼとイエスを祀る聖地です。

伊勢神宮は内宮《ないくう》、外宮《げくう》と伊雑宮《いざわのみや》と佐美長《さみなが》神社で構成されています。佐美長神社と伊雑宮は兄弟神社で、創造主と地球浄化の４神を守る佐美長神社と創造主とイエスを守る伊雑宮、そして内宮には太陽神の天照大神と女性の天照……イエスのことを祀り、外宮ではモーゼを多賀宮に祀り、日本とユダヤの神のオールキャストを祀っています。これからは出雲大社よりも伊勢神宮へ主役が移行することになります。ユダヤの指導者の出雲からオールキャストの神々を祀る伊勢神宮へとレイラインの変遷が行われるのです。G－7が伊勢志摩で開催されることになったのはシャンバラの世界の指導があったからです。

サミットの開催地はシャンバラの世界が天上界からコントロールしているのです。平成に入って、沖縄―北海道（洞爺湖）―伊勢でサミットが開催されました。

これは21世紀の世界の指導者は日本民族だよ、そしてユダヤ民族が日本民族を支援するんだよ、と言うことを世界と首脳陣にアピールしたことになるのです。

伊勢神宮は東の先端、太陽、天照が昇る地です。伊勢神宮には深い深い仕組みが隠されています。

聖徳太子の深謀遠慮、創造主と地球浄化の4神を祀り、天照、スサノオ、月読……太陽神、月神、地球神を祭り、モーゼ（多賀宮）、イエス（女性の天照）、スサノオ、少彦名、大山祇、木ノ花咲耶姫、オールキャストの神々を祀っている。

出雲大社は、モーゼとイエスを祀ります。出雲大社の元の名は杵築《きつき》大社で神紋は㊒です。モーゼを祀るという意味となります。

佐太神社にはイエス（猿田彦）を祀り、亀山から流れ落ちる滝の沼に天神社として少彦名神を祀っているのです。

沼のほとりに少彦名神が亀に乗る像があります。亀はユダヤを表すものです。松江市の六所神社、神魂神社の神紋は有で、モーゼを祀ります。創造主が私は有りて有るものと語ったその「有」が神紋となっているのです。


出雲大社はユダヤ系の神社です。アトランティス系の皇室少彦名神は、スサノオ、ユダ族、新約聖書系の大国主命に天皇位を委譲したのです。少彦名神は古い那の国の小さな神。少名毘古那神と書きます。

大国主命は大内牟遅神、遅れて来た大きい神と書くのです。

出雲大社は大国主命（ユダ2支族系）がユダ10支族旧約聖書系へ天皇位を譲る条件として、ユダヤ神殿の建造を条件として申し出たものなのです。雲太と呼ばれ、当時の日本で最も高い建設物でした。

昔の出雲大社の建造物の姿とギザのピラミッドの内部構造が非常に良く似ています。

出雲大社　少彦名神と亀

出雲大社　神山亀山から流れる滝の池の小島にある天神社。少彦名神を祀る

そして、本殿に祀る神々の配置が大国主命はつけ足しで、本来は古事記の天地創造の五柱の神が本神として祀られているのです。

古事記は主に新約聖書系のイエスとその弟子の記述が多いのです。旧約聖書の教えはモーゼが説いたものです。出雲には旧約聖書の天地創造、古事記の天地創造の五柱の神が主祭神として祀られているのです。

出雲大社からは大木の3本の御柱が発掘されており、巨大神殿であったことが立証されました。100ページの写真は出雲大社の入口の鳥居に降臨したモーゼの意識体です。なぜ神を柱と呼ぶのだろうか。木に主と書いて柱、イエスは木の十字架に架けられたから主の木と書いて表しているのです。

3本の意味は、沖縄では3本の柱を建てます。

…創造主とエネルギーと質量の三大要素、天の神、火の神、水の神、父と子と精霊の三位一体のことでもあります。

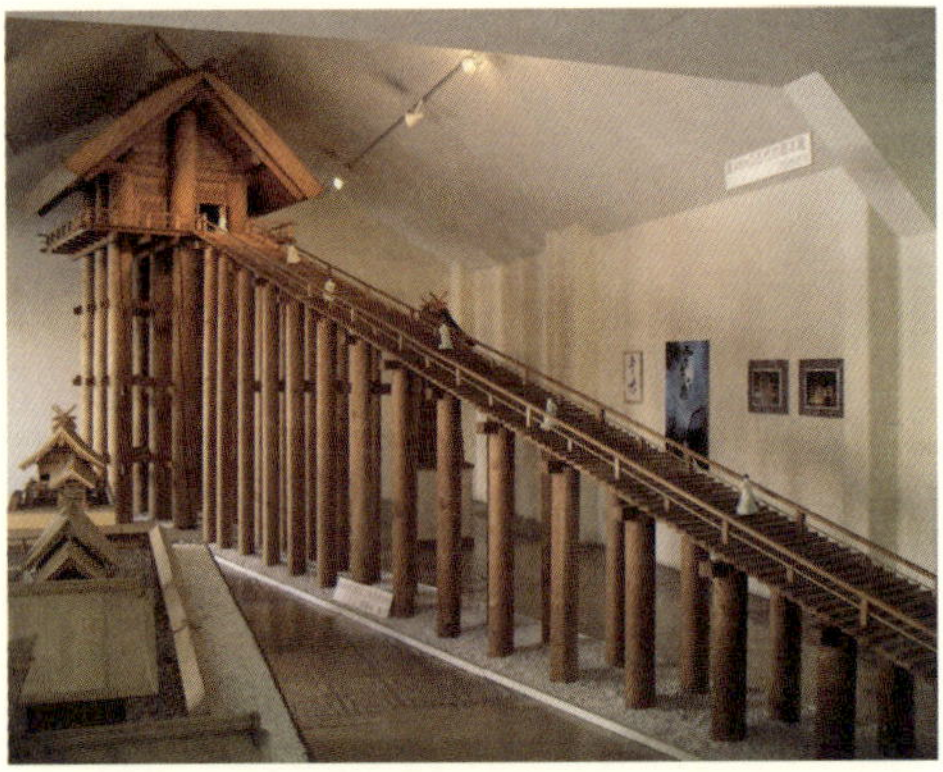

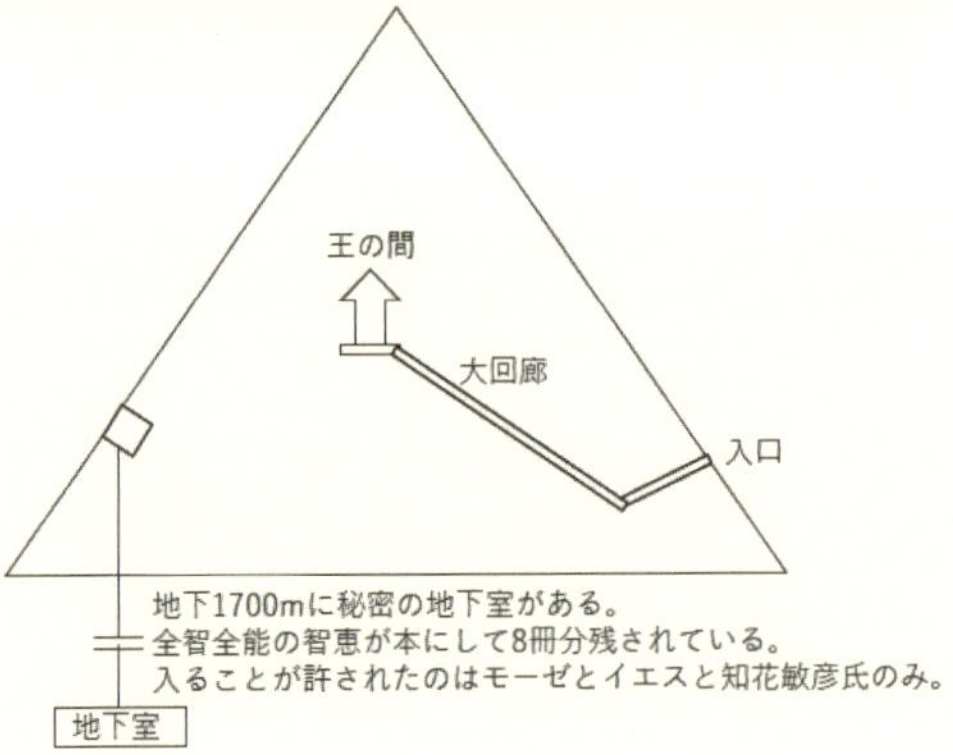

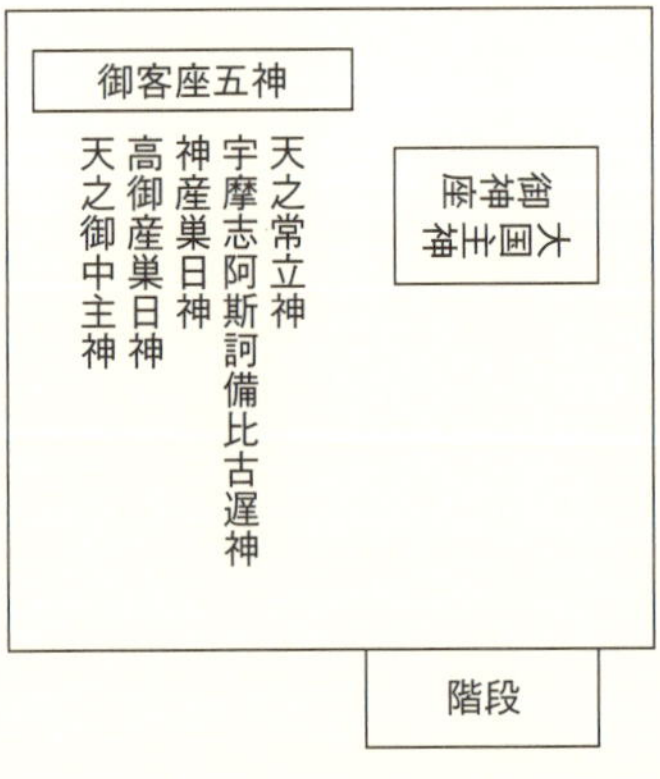

出雲大社本殿平面図　別天津五柱の神が主祭神。大国主命は1人離れて西を向いている。

モーゼもイエスもギザのピラミッドの秘密の地下室に入って学ぶことを天から許されていました。

当時の出雲の人々に宇宙の真理を説いていたのです。

六所神社の六は

六の図示が六の文字の意味。

イザナギとイザナミが八百万の神々を創った。八百万の神々とはシャンバラ系の指導者と古神道の様々の神のことです。六は

の六のパターンから来ているのです。

島根県多根神社の神田の写真

出雲大社の入口の大鳥居に顕れたモーゼの意識体

出雲大社はモーゼの教えを守って説く神社としてスタートし、次いでイエスも猿田彦としてこの地で説いたのです。

そして、アトランティス系のアイヌ、沖縄人の皇室であった少彦名神と大国主命は当時の人々に国造りの技術を教えました。農業水田、薬草、植林等々……2人で稲作を教えた田んぼが、神田の地名で今でも残されているのです。

出雲の多くの鳥居がユダヤ神殿  のものなのです。

六所神社には牛の像があります。

神社のお守りには龍と勝の文字です。これはヤコブが神と相撲を取って神に勝つ。神はヤコブに告げる。これからはイスラエルと呼んでも良いという聖書の故事です。

この神に勝つという意味からユダヤ民族の歴史が始まるのです。

勝のお守りには、龍の絵が描かれています。

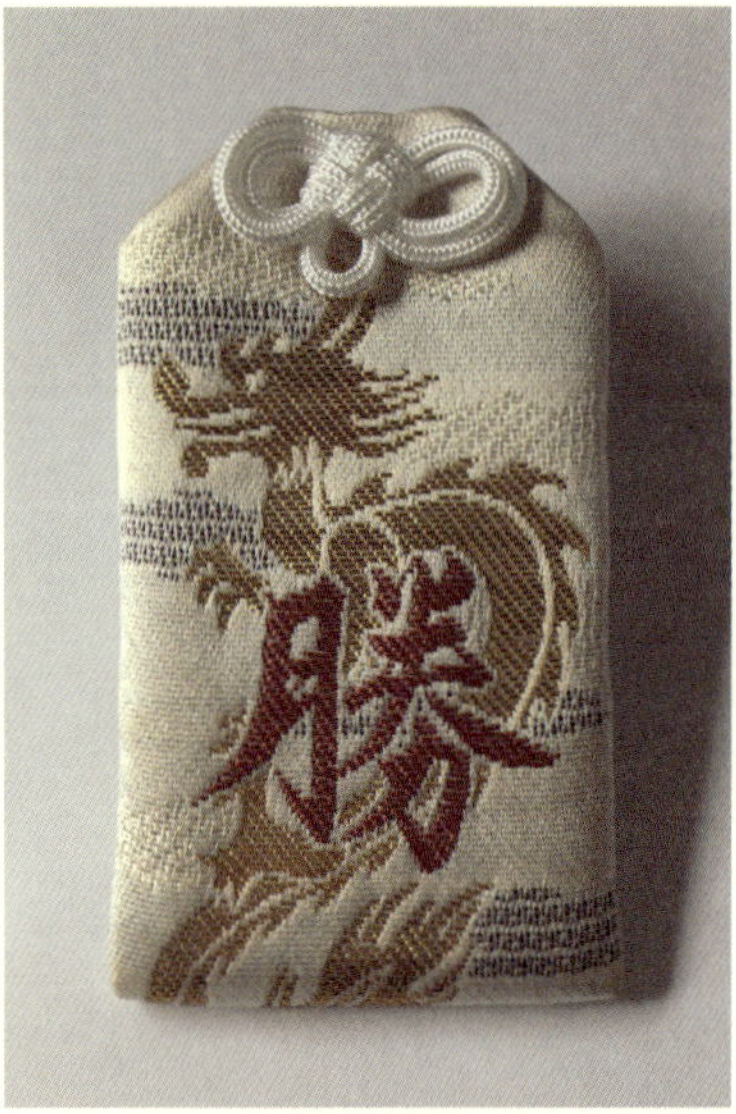

龍の絵のお守り

徳島　栗枝渡神社の龍の刻物

徳島の栗枝渡《くりしと》神社の本殿には、龍の刻物が飾られているのです。

天橋立にある丹後の籠神社、その奥宮は以前は匏宮《よさのみや》、ひょうたんの宮と呼ばれていました。ひょうたんは  蔓《つる》と甕《かめ》とも呼ばれていた。鶴と亀は日本とユダヤのことです。

籠神社には大きな亀に乗った珍彦《うずひこ》の像があります。珍彦はユダヤの上に乗るアトランティス系の命、大和民族、海部氏の先祖の人です。

籠神社では創造主、モーゼ（現真名井神社）、イエス猿田彦神社、そしてイエスの相棒である聖ヨハネ（日本名塩土の翁）を祭っているのです。

元伊勢の外宮にはモーゼを、内宮には蛙……蘇える、よみがえる。イエスを祀っています。

そしてこの地域にはピラミッドの山を拝する聖地があるのです。

真名井神社　天之御中主命　創造主

真名井神社　龍の守り
籠神社のシンボル

匏宮大神宮…モーゼを祀る
匏宮…ひょうたん宮…モーゼ

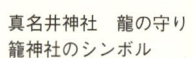

籠神社で猿田彦神社…イエスを祀る

真名井神社塩土翁…聖ヨハネを祀る　宇賀之御魂（稲荷大神）　イエスを祀る

第11章　日本で開催されているシャンバラの会議の様相

モーゼもイエスも幽体離脱して日本の会議に参加していた

　毎年5月の満月の日に、チベットのカイラス山と鞍馬山でウエサク祭りが開催されています。

　シャンバラの世界が主催するお祭りで、当日カイラス山の麓で開催される祭りは、知花敏彦氏に招待状が届き、知花氏は幽体離脱してこのウエサク祭に参加していたのです。

　祭の当日、釈迦とイエスが肉体人間の姿を現し、祭に参加する。もちろん一般の参加者の前でその姿を現します。なぜ5月の満月の日なのか。一説によれば、釈迦が悟りに達した日が5月の満月の日だと伝承されています。

心の波動が粗く波立っていると、満月は波に完全に写らないが、静寂な心、不動心、悟りの心は満月を完全な丸の姿で写すことになります。


日本の最強のレイラインは富士山―八ヶ岳―糸魚川の黒姫山のラインです。これは日本列島の大断層の糸魚川構造線とも関連しています。

地球にも7ヶ所のチャクラに相当するポイントであり、聖地が存在しています。中でも一番重要な頭頂のチャクラに相当するのが富士山です。近くに地下水の湧き出る忍野八海《おしのはっかい》があり、ここが水と子宮、富士山は火山で火。火と水でカミとなります。

忍野八海は隠された　8　∞　神の世界を意味します。

富士山の噴火は地球の滅亡を意味するから、シャンバラの世界は富士山を守っています。昔から富士山の地下のマグマの圧力が上昇してきており、このマグマの圧力を抜くために雲仙岳を噴火させたのです。

雲仙岳だけだと不公平となることから、各地の小噴火活動で富士のマグマの圧力を抜いています。その後阿蘇や桜島も一部その役割をねらって噴火しているのです。今は小笠原の西鳥島の噴火でマグマの圧力を抜いています。地震学者は科学的に考えると、この火山活動はあり得ないと言っています。


地球にはエネルギー軸が存在しているのです。北半球、陽極のエネルギー軸は八ヶ岳にあり、南半球はパラグアイのアスンシオン、聖なる泉にあります。

水は陰極となる。火は八ヶ岳の火山で陽極。

エネルギー軸は陽極（N）と陰極（S）が中性となっているスポットなのです。電波障害が一番少ないポイントになります。日本政府が電波天文研究所を設置するために電波障害の一番少ないスポットを調査したら、八ヶ岳の麓の野辺山だったので、今ここにパラボラアンテナが設置されているのです。

八ヶ岳の赤岳、横岳、阿弥陀岳、硫黄岳は火山で酸性の岳、残りの権現岳、立場岳、西岳、編笠岳はアルカリ性の岩石で、中央にあるのピラミッドタイプの牛首山と扇山が中性の岩石となって、ここが北半球のエネルギースポットとなっているのです。

このスポットを中性の場に保つように、左側に飯盛山、天女山のピラミッドを配置し、右側の蓼科側に尖石のストーンサークルと阿久にストーンサークルを配して中性の磁場を守っています。

ピラミッドの構造とストーンサークルはいずれも酸性の石とアルカリ性の石を配置し、全体が中性となる構造となっているのです。

そして西欧ではシャンバラの入口、聖地を2頭のライオンが守っています。八ヶ岳でも中性のスポットを守る位置に獅子岩があり、2頭のライオンの岩石が配置されています。

古代人は宇宙科学を完全に理解していて、中心、中性の場を守るようにスケールの大きい土木工事を実行していたことがわかります。

この宇宙科学を教えた最初の人が、モーゼとなるのです。

獅子岩は中性の磁場、このスポットでなんと磁石の針は北でも南でもなく中性の東を指していたのです。

富士山と八ヶ岳を結ぶレイラインの先に聖地がある。それが前章で触れた糸井川の黒姫山ピラミッド。この地下室でシャンバラの会議が開催されているのです。黒姫山の山頂には、権現神社が建立されています。そして八ヶ岳の権現岳は平安時代には日本の三大霊山の1つとして、厚く信仰されていたのです。


権現とはモーゼのことです。稲荷とはイエスのことを指すのです。

モーゼは3200年前にイエスは2000年前に黒姫山で開催されるシャンバラの会議に参加するために日本へしばしば来ていたのです。

レイラインはシャンバラの世界により、宇宙科学の智恵により古代から守られてきていることに最近ようやく気付いたのです。

古代人は全智全能の智恵の世界から学び、そのことを実践していました。
現代人よりも智恵の世界を理解していたことになります。
本来なら富士山—八ヶ岳—黒姫山が地球最大のパワースポットです。
ここは最高の世界遺産の価値がある所なのです。

先述しましたように富士山は地球のチャクラでは頭頂の場所。地球のパワースポットとして最高の場所となっているのです。八ヶ岳は地球の北半球のエネルギー軸に当り、中性のエネルギースポット。四ツの山は酸性の岩で、残り四ツの山がアルカリ性で全体が中性のエネルギーパワー発生のスポットとなるのです。
昔は日本三大霊山の1つとして、八ヶ岳の権現岳は信仰の聖なる山でした。富士山頂と八ヶ岳を結ぶレイラインの先、富山県には聖地、パワースポットが存在しています。それが糸魚川の黒姫山。ピラミッドの山で隣の明星岳はカイラス山とウリ二つです。

地球と日本のレイライン。富士山 ― 八ヶ岳 ― 黒姫山

野辺山（ヤーベ（創造主））の宇宙天文研究所とパラボラアンテナ　Wikipedia より（By Wiiii）

獅子岩―聖地を守る２頭のライオンから見る八ヶ岳連山と中心で中性の  牛首山と扇山

獅子岩上空からの２頭のライオンが聖地のパワースポットを守っている（Google マップより）

獅子岩では磁石の針が中性、東を指す

チベット語でカイラスは水晶を意味します。糸魚川の明星岳にはひすいが産するのです。黒姫山の山頂には権現神社があり、モーゼを祀っているのです。

地下でシャンバラの会議が開催されています。

そしてBC7世紀に、AD2世紀に、それぞれ旧約聖書系と新約聖書系とがシルクロード（海と陸）を経由して、日本列島に上陸し、AD7世紀までに帰化人として多量に日本に渡ってきています。

ユダヤ民族は、モーゼとイエスの聖地を守り、その他に多くの聖地を設け、モーゼとイエス、聖ヨハネを祀っています。ユダヤは日本に深く溶け込んでいるのです。明治時代までは多くの神社は権現―稲荷系に属していました。

沖縄～北海道まで、神社と○○宮の聖地はたくさんあるのです。

第12章 七福神とはシャンバラの世界から派遣された人類の指導者のこと

日本人にとって七福神の存在とは、ほのぼのとした希望や明るい将来を憶い描かせるもので、心が安まります。

七福神とは、天上界シャンバラの世界から人類指導のために派遣された指導者のことです。現世の御利益を求める人々にアレンジして伝えられているものなのです。

福禄寿＝モーゼ：杖とひょうたん、亀、鹿

大黒天＝イエス

七福神の絵馬

京都　田中神社

寿老人＝聖ヨハネ、トート神、釈迦
毘沙門天＝サナートクマラ系
布袋＝マイトレーヤ
弁財天＝マリヤ
恵比寿＝少彦名神：アトランティス系の皇室

七福神、ラッキーセブン、メノーラ（七燭台）、七つの教会、人体の7つのチャクラ。これらの7は太陽光線、虹の7色が語源です。虹の7色がミックスされると白光となります。ミカエル、ウリエル、ガブリエル等、7色には各々〜エルの名称が付けられています。7色全体をエルランティと言っているのです。

超高級意識体の光体は、各々カラーが異なります。
・創造主、サナートクマラ、アラー神は中央真白で周辺はピンクかオレンジ
・月読神は紫色
・地球神スサノオのカラーは虹の7色

・モーゼのカラーも虹の7色
・イエスのカラー、マリアのカラーも虹の7色

第13章　超高級意識体の光のシャワーで祝福を受けよう

光のエネルギーを人々に放射することを祝福を与えると言うのです。

シャンバラの世界、神の仕事を人が手助けしようとすると、全智全能の世界は光のシャワーを放射し、その人を全面的に支援してくれている。


伊勢神宮には内宮、外宮、伊雑宮があり、本宮は伊雑宮です。

伊雑宮はイエスとイザヤを祀り、その兄弟神社に佐美長神社がある。両方とも創造主を太一《たいいつ》神として祀り、佐美長神社は地球を浄化する四神を祀ります。小さな祠が4つ建っているのです。

佐美長神社に出現した創造主の写真があります。佐美長神社の建設と地球浄化四神の祠がまっ白の光で覆われています。創造主の光のシャワーです。

佐美長神社　創造主とスサノオを祀る　ユダヤの鳥居

佐美長神社に降臨した超高級意識体（創造主）

佐美長神社
四神
瀬織津比売大神
速秋津比売大神
伊吹戸主大神
速佐須良比売大神

聖徳太子の建立した奈良県大神《おおみわ》の叡福寺に降臨した創造主

白光とオレンジの光体が下の白光が多くなった。右下にほんの少しオレンジの光体が見える。

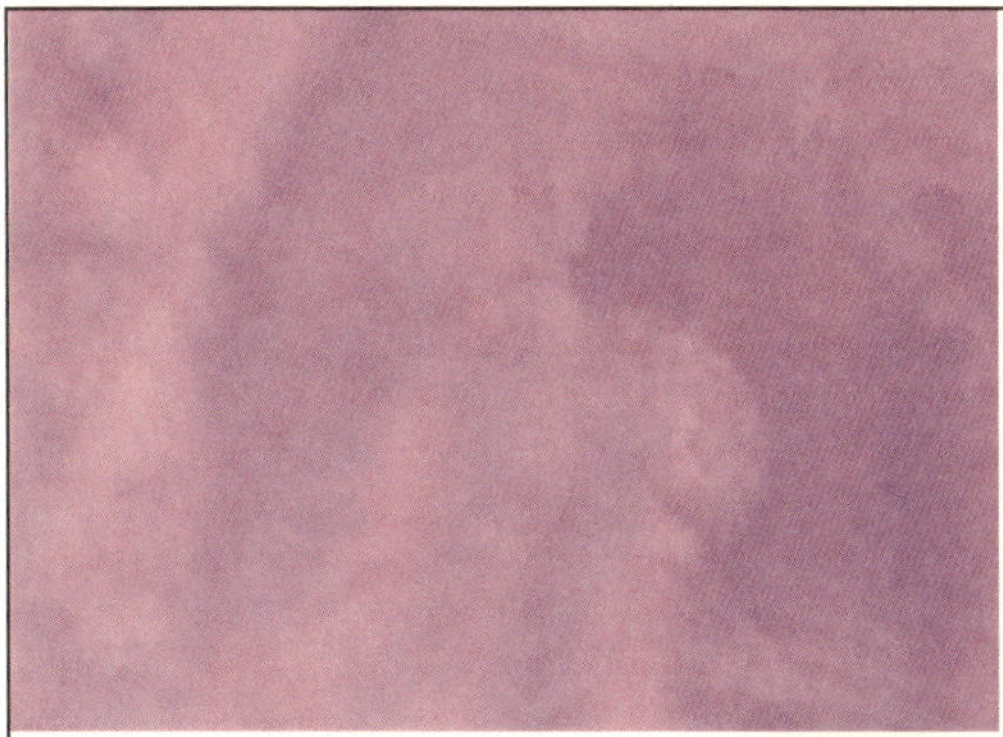

鳥取県　月守神社の月読神

地球神　スサノオ

鞍馬寺　サナートクマラ

アラーの神（創造主）　メッカのカアバ神殿の扉（上野国立博物館）

然別湖　弁天神社でのマリア

第14章　火祭りとは、チャクラが開くことを意味している

京都の鞍馬寺や岩倉の岩座神社、秋葉神社等では、火祭りの神事が今も毎年とり行なわれています。

大文字の火祭りも盛んに開催されています。

火祭りの意味はどこから来ているのでしょうか。

火祭りの催事を行う神社はいずれも権現、天狗系の神社でモーゼを祀っています。

京都の夏の大文字の火祭りは、ユダヤ民族が多く京都に住みつき、イスラエルではシオンの山で火祭りを行い、死者の霊を弔う風習があったから、この風習を

京都に持ち込んだものと考えられています。

空海は景教（キリスト教）を学んで帰国して、この火送りの行事を見て、これをさらに促進させたのです。

前述したように、モーゼの前に創造主が柴の木に燃える炎として出現しています。

モーゼが火を尊敬し、その儀式を考えることは当り前のことと思われるのです。ユダヤにはセフィロートの図が伝えられています。七燭台はいずれも人体の7つのチャクラのことを示しているのです。

聖ヨハネが過去生である知花敏彦氏から聞いた情報では、ヨハネの黙示録は7つのチャクラのことを述べているのです。

人体には太陽光線の白光の7原色（虹の7色をミックスすると白光になる）に対して7ヶ所のホルモンコントロールセンターが存在している。これをチャクラと言っているのです。

人体の一番下、尾骶骨のチャクラが活性化し、光のエネルギーを放射するようになると、背骨のチャクラが順番に活性化していくのです。

心臓―喉―第三の目のチャクラが活性化していくことを魂の整列といい、頭頂のチャクラが活性化します。これをチャクラが開くと言います。

釈迦はこの状態を蓮の花が開くと言って、インドのアーユルベーダでは孔雀の羽が開くと言っているのです。

このことを火祭りと言っているのです。大変深い意味を火祭りは表現しているのです。頭頂のチャクラが開くことを悟り、覚醒と言います。

モーゼやイエスはこのことを説いていて、それが火祭り、大文字焼に残されているのです。

チャクラ

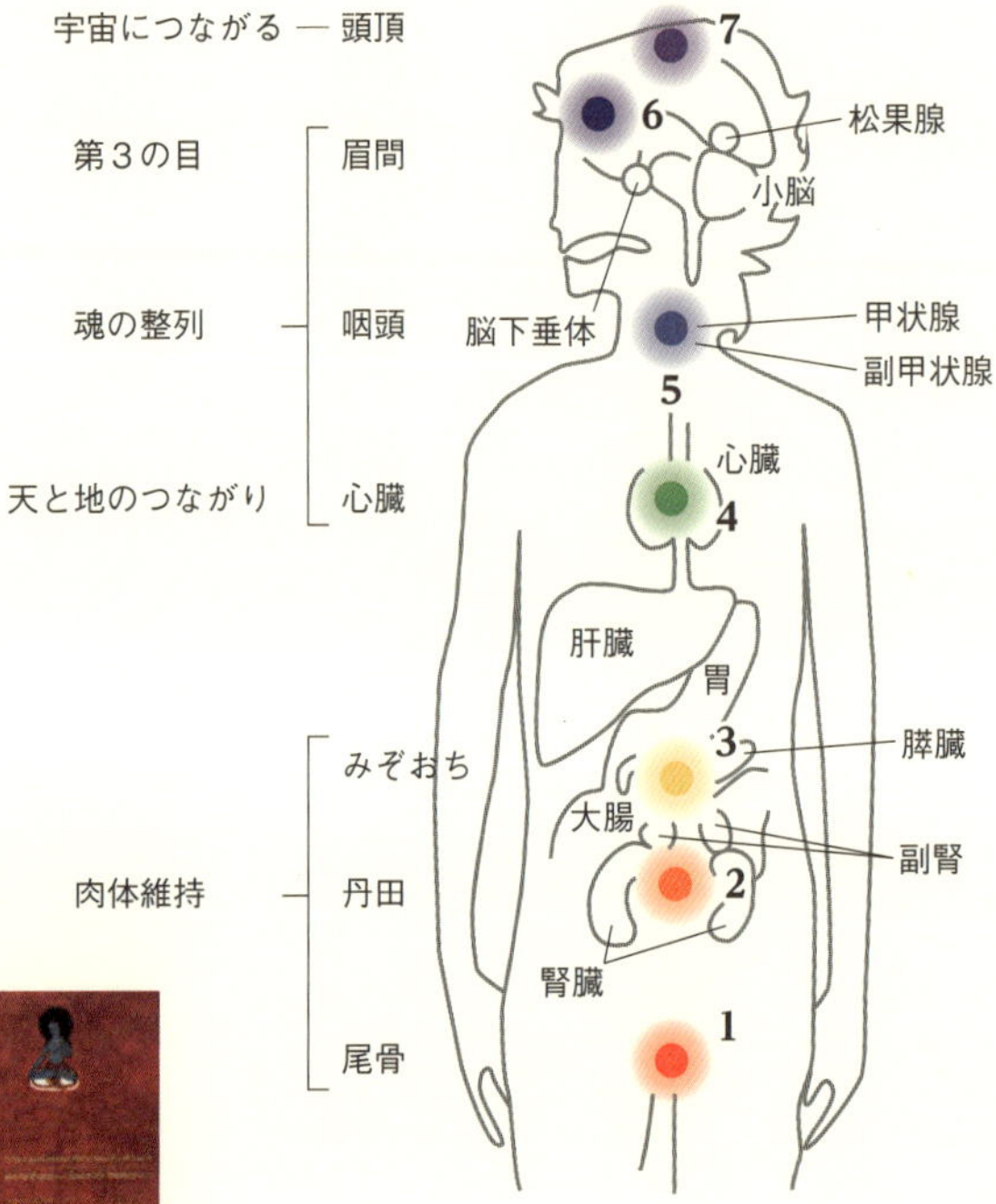

宇宙につながる — 頭頂
第3の目
眉間
魂の整列
咽頭
天と地のつながり
心臓
みぞおち
肉体維持
丹田
尾骨
7
6
5
4
3
2
1
松果腺
小脳
脳下垂体
甲状腺
副甲状腺
心臓
肝臓
胃
膵臓
大腸
副腎
腎臓

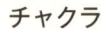

ユダヤのセフィロート

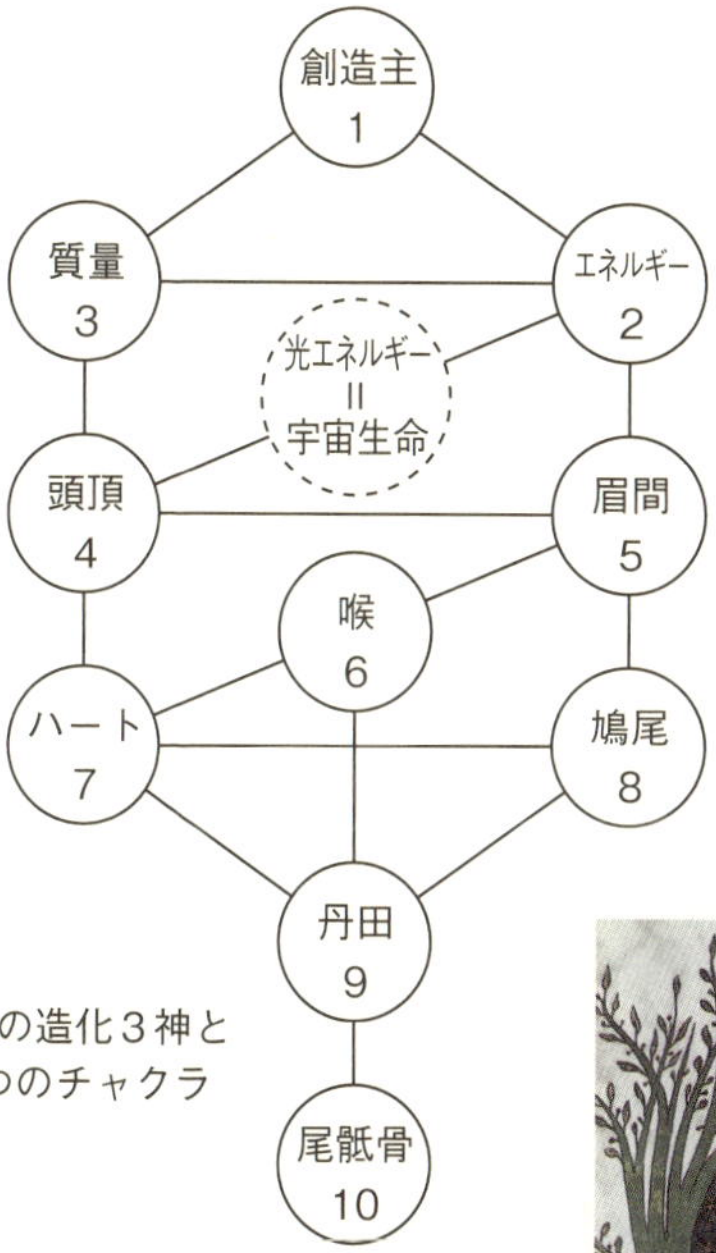

火祭…鞍馬山　秋葉神社…尾骶骨のチャクラが開いて、第３の目まで光のエネルギーが流れ、チャクラが活性化することを火祭りと言う。

創造の造化３神と
７つのチャクラ

Menorah with olive trees
The Cervera Bible, Spain, 1300
National Library, Lisbon

７つのチャクラと生命の樹の概念が結びついている。生命の樹―根と幹、枝、葉と全体の生命は１つのもの。

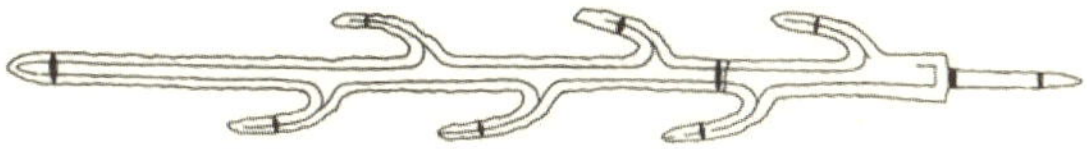

七支刀　石上神社
７つのチャクラの意味と北斗七星と北極星はモーゼを指す。聖ヨハネの黙示録は７つのチャクラのこと。

鞍馬の火祭り

終章

ユートピア社会建設のメンバーになれる人々、なれない人々……

頑固な状態とは、三次元の知識に縛られた状態を言います。

知識とは消え去る物から得ている情報にすぎないのです。宇宙は不死不滅の状態にあります。知識は宇宙の智恵から見ると非常識で間違いなのです。

法則は再現率１００％で自然界と人間の様々な現象を一切支配していることを知りましょう。

智恵は直観、啓示、閃き、内から来るもの。知識は始めと終りのある物質から来るもの。偽物だからアノ世へ持ち帰れないもの。

人間の知識は地球の自然を破壊し、生き物たちの健康を害して、破壊の科学となってしまいました。農業は自然を汚染し、人間を病気にしているのです。

地球の天変地異、異常気象は、人間が自然を破壊した結果で生じていることを知るべき時代が来たのです。破壊ではなく創造する科学を知って、取り入れましょう。


天上界という見えない全智全能の世界があり、自然界、物質界、人間界の全てを支配し、コントロールしています。自然界にはとんでもない智恵が働き、人間がそれを知らずに自然と健康を破壊し、殺し合い、傷つけ合い、奪い合い、そして恨み、怒り、不安、恐怖の生活をするようになってしまったのです。

神はいないのか⁉ 神は人間と宗教が捏造したものです。神は原子と電子に働く法則そのものであることを知りましょう。

現実そのもので、科学そのものであることを知る時代となったのです。

見える物が実在すると現代人は考えているのですが、見える物は見えない原子と電子とから形成されている。見える物は見えないものからできているのです。

物質は見える物、見えないものの結果にすぎない。結果である物質をいくら分析しても原子や電子や、そこに働く法則を見ることはできないことになります。

物質を分析しても原因は解らない。血液分析して、肝臓の数値が悪いと結果で出ても、その原因を理解することができない。科学者は主張します。分析データを見せなさい、証拠を見せなさい、根拠を示しなさいと。どれも目に見える物質を対象としているものです。

根拠とは法則そのものが根拠なのですが、法則の存在を知らないから根拠の意味が解っていないのです。

現代人は知識しか知らない。智恵が本物であることを知っていない。しかも自分が知っている知識以外にものすごい量の智恵が存在していることを知らないでいる。自分が何を知らないのかを知らない。

人間は間違った物質次元の知識に縛られた状態になり、これから解放されない限り、一生嘘の知識で自分を縛りながら色眼鏡付きの人生を終えていっている。

これを盲目の人生、眠れる魂と言っているのです。

自分の価値観は自分だけのものである。自分の物差しである。自分に合わないと、身体全体に拒否反応が起こり、目は開けてはいるが、その先が見えなくなる。自分の自己顕示欲が働くと、周囲を冷静に見られなくなるのです。強力なものになると、過去の自分も、未来の自分も捨ててもいい。その場さえ無事通り抜ければいい、という状態を作ってしまう。

自分の都合のよい環境のときのみ自分を十分に生かせるが、不都合な環境に出合うと、途端に自分を生かせなくなる。そして混乱の中で他を攻め、自分だけが正しいと自己正当化して人生を終えるのです。

厳しい暴風雨に遭ったとき、あわてふためき、身の置き場がなくなり、人生の落とし穴に落ち込む。

自ら高い評価を得ようとしたり、自己評価を高めたりしていると、どんどんエネルギーが落ちてゆく。他人があなたを認めることがないので、もがきにもがき、苦しみの輪の中に入り込む。

２０１８年から２０２０年迄はユートピア社会の建設に邪魔になるもの、必要のないものが刈り取られ、消滅してゆくことになる。だからこそユートピア社会の建設が始まるのです。

今、天上界はこの世を八方塞がりの状態にしている。この時全員が天を仰いで神はいないのかと叫ぶ。米国人は毎日、ｏｈ ｍｙ Ｇｏｄと叫んでいる。天上界がこの八方塞がりの状態を創り出しているのです。人類の進化のために。人間の傲慢さ、自分ファーストの破壊の吐く息の波動が今の異常気象、超常現象を呼び起こしているのです。これを浄化の嵐と言いますが、人間が原因です。

謙虚さこそ今必要です。

河合勝　かわい まさる
慶應義塾大学経済学部卒業。コスモ石油在職中、師となる知花敏彦氏との出会いを果たし、今日に至る。現在、地球家族代表。一般財団法人地球発展研究協会代表理事、ザ・グローバルピース大学名誉教授。宇宙科学（自然の創造の原理と応用）の普及および天上界と地上界の働きを中心とした精神世界の情報提供、さらに無農薬で美味で、栄養価が高く、簡単で安い自然農法の普及に努める。講演活動も数多く行っている。著書に『神秘の薬草パワー』（リヨン社）『微生物はすべてを蘇生する！』『《天上界と微生物》に聞いた病気の本当の原因と治し方』『《秘密日本》の世界ひっくり返史』『もう隠さない《モーゼとイエスの国》JAPAN』『今こそ世界は《本物 JAPAN》の光臨を待っている！』『科学はこれを知らない 人類から終わりを消すハナシ』（以上いずれもヒカルランド刊）などがある。

地球家族ホームページ
chikyukazoku2020.org

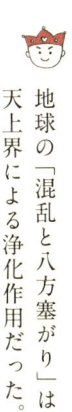

地球の「混乱と八方塞がり」は天上界による浄化作用だった。

第一刷　2018年11月30日

著者　河合 勝

発行人　石井健資

発行所　株式会社ヒカルランド
〒162-0821 東京都新宿区津久戸町3-11 TH1ビル6F
電話 03-6265-0852　ファックス 03-6265-0853
http://www.hikaruland.co.jp　info@hikaruland.co.jp

振替　00180-8-496587

本文・カバー・製本　中央精版印刷株式会社

DTP　株式会社キャップス

編集担当　伊藤愛子

ISBN978-4-86471-701-4

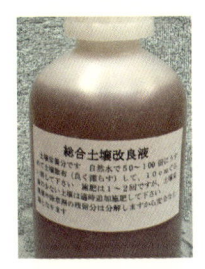

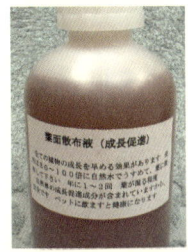

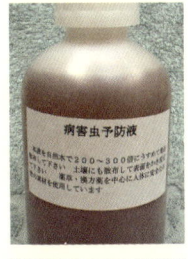

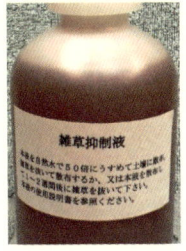

心の癒しが必要な方

直感力が必要とされる方

指針を得たい方

自己覚醒を目指す方

天命・役割に気づきたい方

睡眠が大事だと感じる方

本物の叡智からくる勘をとりもどす
「心の癒し・直感醗酵液」

一人ひとりが本来持っている直感力に着目して、その力をサポートし、働きかけてくれる植物・ハーブを厳選して醗酵させてつくられた飲用醗酵液。直感力を高めたい方や自分の天命に気づきたい方にオススメです。

心の癒し・直感醗酵液

■ 500mℓ　3,500円（税込）

■ 1 ℓ　6,000円（税込）

●使用方法：1日に大スプーン1～2杯を目安に、飲料水やお茶など飲み物に混ぜていただくか、そのまま直接お飲みください。

●原材料：植物発酵抽出溶液

●含まれる植物・ハーブ：くまつづら、ヤロー、ツボクサ、聴明湯、冬虫夏草、霊芝、まつも、カモミール、他百数十種類のハーブ

河合勝先生（地球家族代表）

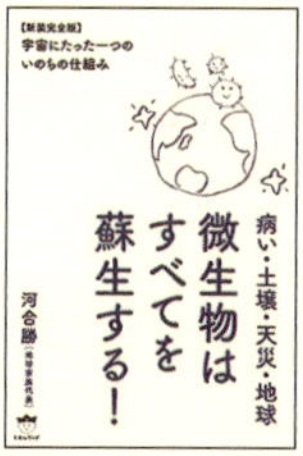

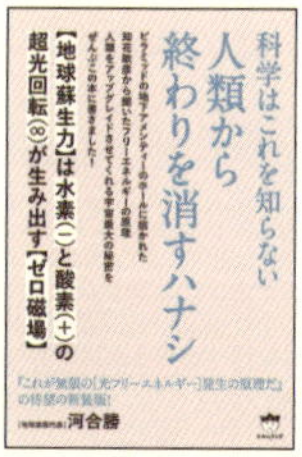

宇宙科学・精神世界についての情報発信とともに、光フリーエネルギーと微生物の力を活かした自然農法の普及活動に取り組んでいる。

ヒカルランドパーク取扱い商品に関するお問い合わせ等は
メール：info@hikarulandpark.jp　　URL：http://www.hikaruland.co.jp/
03-5225-2671（平日10-17時）

本といっしょに楽しむ〈知花敏彦氏から学んで創った地球家族 Goods〉

精霊の恵みで身体・心を癒し第六感に目覚めを！
飲む「醗酵液」でエネルギーチャージ

光エネルギー発生装置や農業用の醗酵液など、多数のエネルギーグッズを大ヒットさせている地球家族から登場した飲む醗酵液。15年の歳月をかけて世界中から集めた野生植物・ハーブを、特殊な製法で醗酵させることで微生物の数を1000倍に増殖させた濃縮醗酵液は、体内に取り入れることでエネルギーを高め、心を癒し、直感力を高めてくれます。地球家族代表の河合勝先生も、微生物は精霊であると語るように、まさに精霊の力に導かれ次元を高めてくれるような逸品です。毎日の健康・美容、第六感の覚醒にどうぞ。

- ストレスを感じやすい方
- 健康を考える方
- 美容を考える方
- 冴えわたる毎日を送りたい方
- 心の癒しを求める方
- 直感力を高めたい方

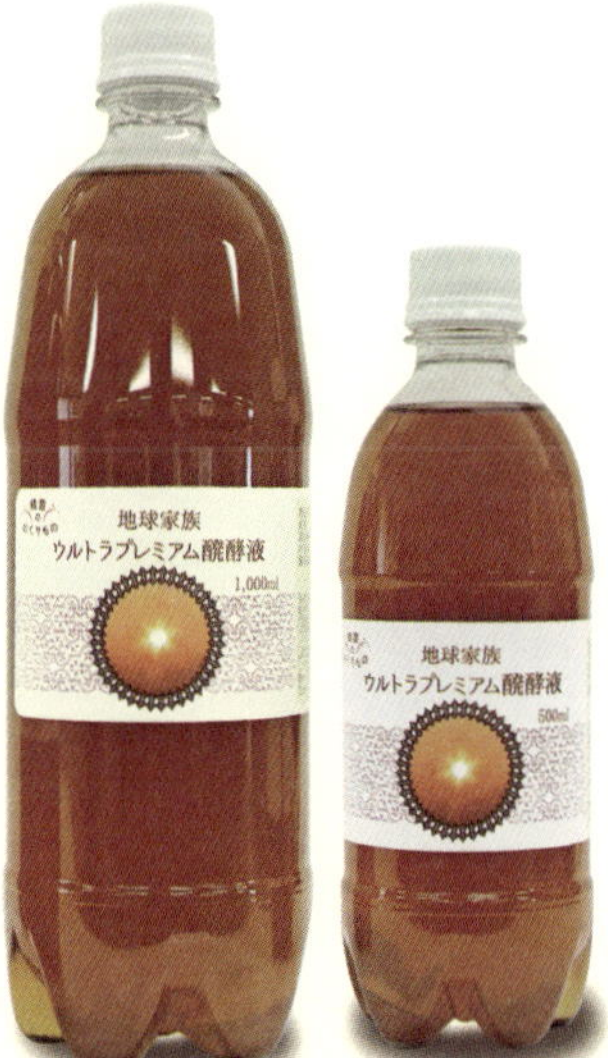

オールスターな醗酵液
「ウルトラプレミアム醗酵液」

自然由来の微生物の力を活かすことを第一に考え、健康に有用な植物・ハーブを醗酵させたオールスター醗酵液。飲用として、またスプレーにして使うこともできます。

ウルトラプレミアム醗酵液

■ 500mℓ　5,500円（税込）
■ 1 ℓ　10,000円（税込）

●使用方法：１日に大スプーン１～２杯を目安に、飲料水やお茶など飲み物に混ぜていただくか、そのまま直接お飲みください。
●原材料：植物発酵抽出溶液
●含まれる植物・ハーブ：蓮の花、まつも、ヒマラヤ人参、ブラジルナッツ、マカ、杜仲、雪連花、田七人参果実、冬虫夏草、月桃、高麗人参果実、プロポリス、サジーなど多数

本といっしょに楽しむ〈知花敏彦氏から学んで創った地球家族 Goods〉

ウルトラ濃縮酸素水

酸素濃度38ppm の水で健康に！

◆「ウルトラ濃縮酸素水」の特徴

水道水やミネラルウォーターの容存酸素は、ほとんど0に近い状態です。

本液は極超微小酸素の泡を水に注入していますので、酸素濃度が常温で38ppm もあり、水の分子が大変細かい水です。

常温でも、酸素の泡は蒸発せずにそのまま残っています。

◆酸素の一般的な働き

・殺菌力、洗浄、有害物分解、血や肉や骨の再生サポート、細胞の新陳代謝サポート。
・ボケ防止、頭の回転、交感神経に働きかけ、冴えをサポート。副交感神経に働きかけ自然治癒力を強める。
・胃腸に働き、消化吸収力、血糖対策 etc

～使い方～

★このまま飲用できます。
★お茶、コーヒー、紅茶、ビール、日本酒、水割りに！　…小さじ１－２杯（５～10㎖）加えてください。
★ごはんを炊くときに！…お米１合につき20㎖加えると美味しくなります。
★天ぷらに！…天ぷら油を加熱すると、油の酸素は０に近くなり、２度めに使うと天ぷらはカラッと揚がりません。本液を50㎖天ぷら油に加えてよく混ぜてください。新品に近い天ぷら油に戻ります。
★お風呂に！…お風呂は高温ですから、酸素が０の状態になり、入浴すると身体から酸素が奪われ、湯疲れしやすくなります。本液を50～100㎖加えてください。

販売価格…500㎖　**4,500円（税込）**／１ℓ　**8,000円（税込）**

【お問い合わせ先】ヒカルランドパーク

本といっしょに楽しむ〈知花敏彦氏から学んで創った地球家族 Goods〉

地球家族　米ぬか醗酵サプリ

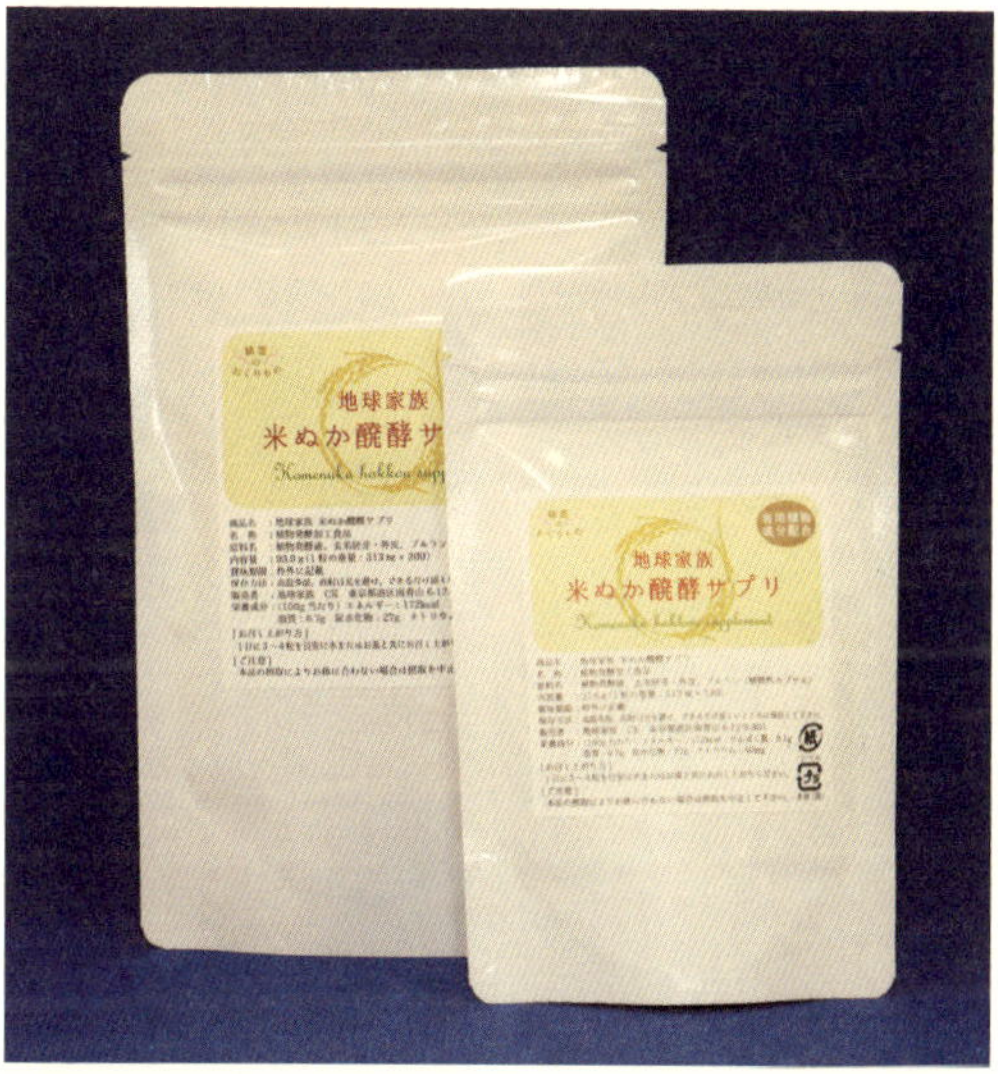

豊富な効能を持つ薬草醗酵液を手軽に楽しめる商品を開発しました。

＊米ぬかの効能

でんぷんや糖分の分解を促進し、消化吸収、神経機能の働きを高め、強力な抗酸化力があります。女性ホルモンのバランスを調整し、月経痛や更年期障害などの症状の改善に期待ができます。また、あらゆる生活習慣病を予防し、新陳代謝の活性化、痩せる効果のあるマグネシウムが1,000mg／100ｇも含まれています。骨や歯の素となり、骨粗鬆症を予防します。冷え性やアレルギー性疾患（花粉症）を防ぎ、肌、皮膚を若々しく保つ美肌効果も期待できます。

＊お召し上がり方

サプリ：１カプセルに薬草醗酵液50％と、米ぬか粉末50％が入っています。カプセルは植物性で安全なものです。１日３〜８カプセルで薬草発酵液の１日分の量が摂取できます。

＊原料

植物醗酵液、玄米胚芽・外皮、プルラン（植物性カプセル）

＊販売価格

サプリ：300粒入り**6,500円（税込）**　120粒入り**2,900円（税込）**

【お問い合わせ先】ヒカルランドパーク

本といっしょに楽しむ〈知花敏彦氏から学んで創った地球家族 Goods〉

光のシャワーシート

Ａ４サイズ［表］

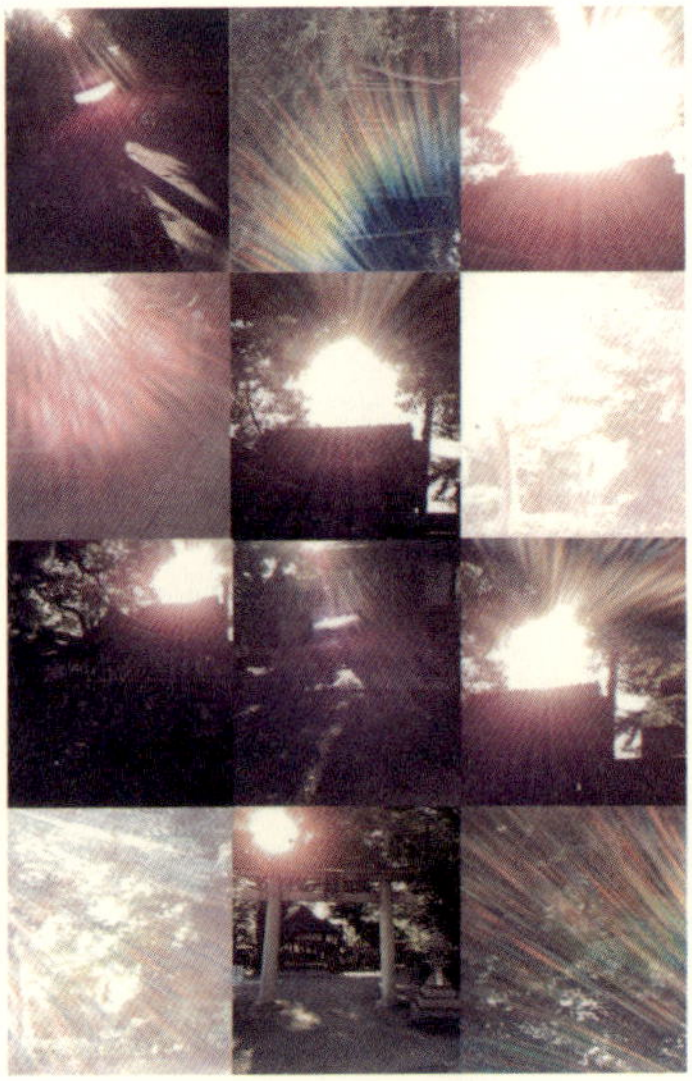

Ａ４サイズ［裏］

イエスの意識体の光を写真にした、光エネルギーを放射するパウチカードです。

販売価格： Ａ４サイズ　**7,000円（税込）**
カードタイプ（名刺サイズ）　**3,000円（税込）**
シールタイプ（4.5㎝×2.5㎝）　**1,000円（税込）**（シールタイプはＡ４サイズ［表］の写真のミニサイズ版になります）

【お問い合わせ先】ヒカルランドパーク

本といっしょに楽しむ〈知花敏彦氏から学んで創った地球家族 Goods〉

光エネルギー発生装置　招福　金のフクロウ

95㎜（幅）×95㎜（奥行）×100㎜（高さ）　光の周波数を出す装置で、体内の水をエネルギーの高い水にし、身体のストレスを癒し、細胞の新陳代謝が活性化されます。商売繁盛、受験合格など開運を求められる方に。電源不要。

光エネルギー発生装置の中には、いずれも知花氏の原理と符合する二重らせんのコイルが組み込まれており、そのコイルの大きさ、数の多少がパワーの違いとなっています。本装置の開発者山岸氏は特許申請をしておらず、河合勝が便宜的に著作権として日本と米国に申請済みとなっています。

10,800円（税込）

【お問い合わせ先】ヒカルランドパーク

本といっしょに楽しむ〈知花敏彦氏から学んで創った地球家族 Goods〉

光エネルギー発生装置　球手箱

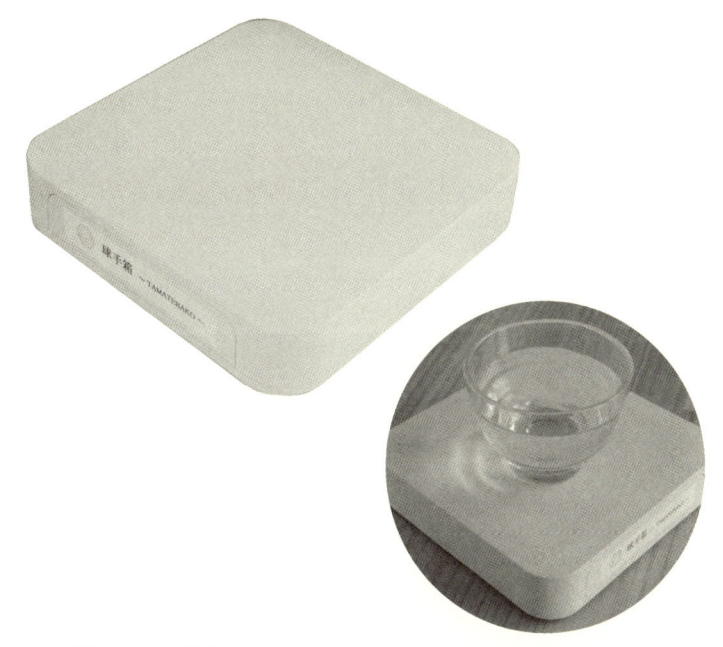

150㎜（縦）×150㎜（横）×32㎜（厚み）
強力な発光エネルギー発生装置である「球手箱」は、装置の上に水を載せることで、光エネルギーの影響を受けて味がまろやかになります。ワインや焼酎などのお酒を載せれば、格の上がった味が楽しめると評判です。清潔感のある白いボディはインテリアとしても映えます。
※本装置には電池など電気的なものは使用されていません。
※プラスチック素材を使用しておりますので高温のものは上に置かないでください。
※強力な磁石を使用しておりますので、パソコンや携帯電話、精密電子機器などに影響が及ぶおそれがあります。特に心臓のペースメーカを着装した方は絶対に近づかないでください。また、各種カード、ＣＤ、切符、電気テープなどの磁気製品を近づけると故障の原因となる可能性があります。
39,800円（税込）

【お問い合わせ先】ヒカルランドパーク

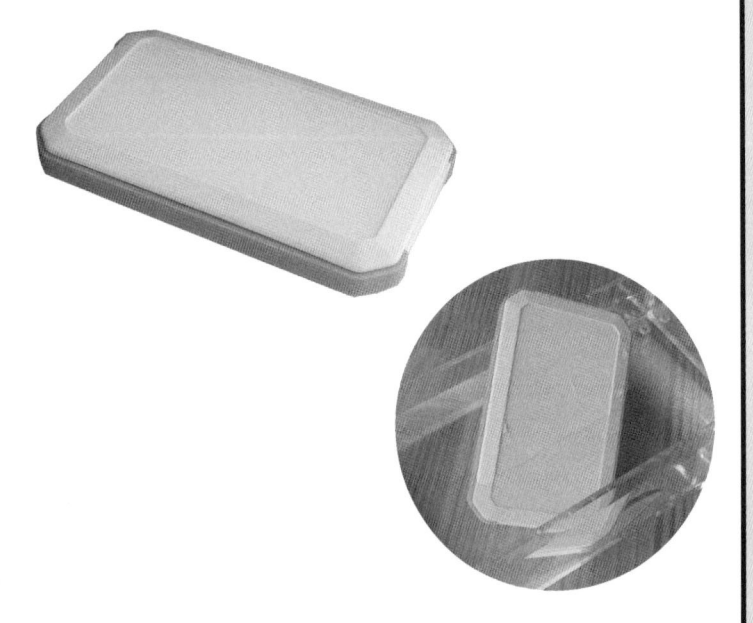

本といっしょに楽しむ〈知花敏彦氏から学んで創った地球家族 Goods〉

光エネルギー発生装置　タイプ1

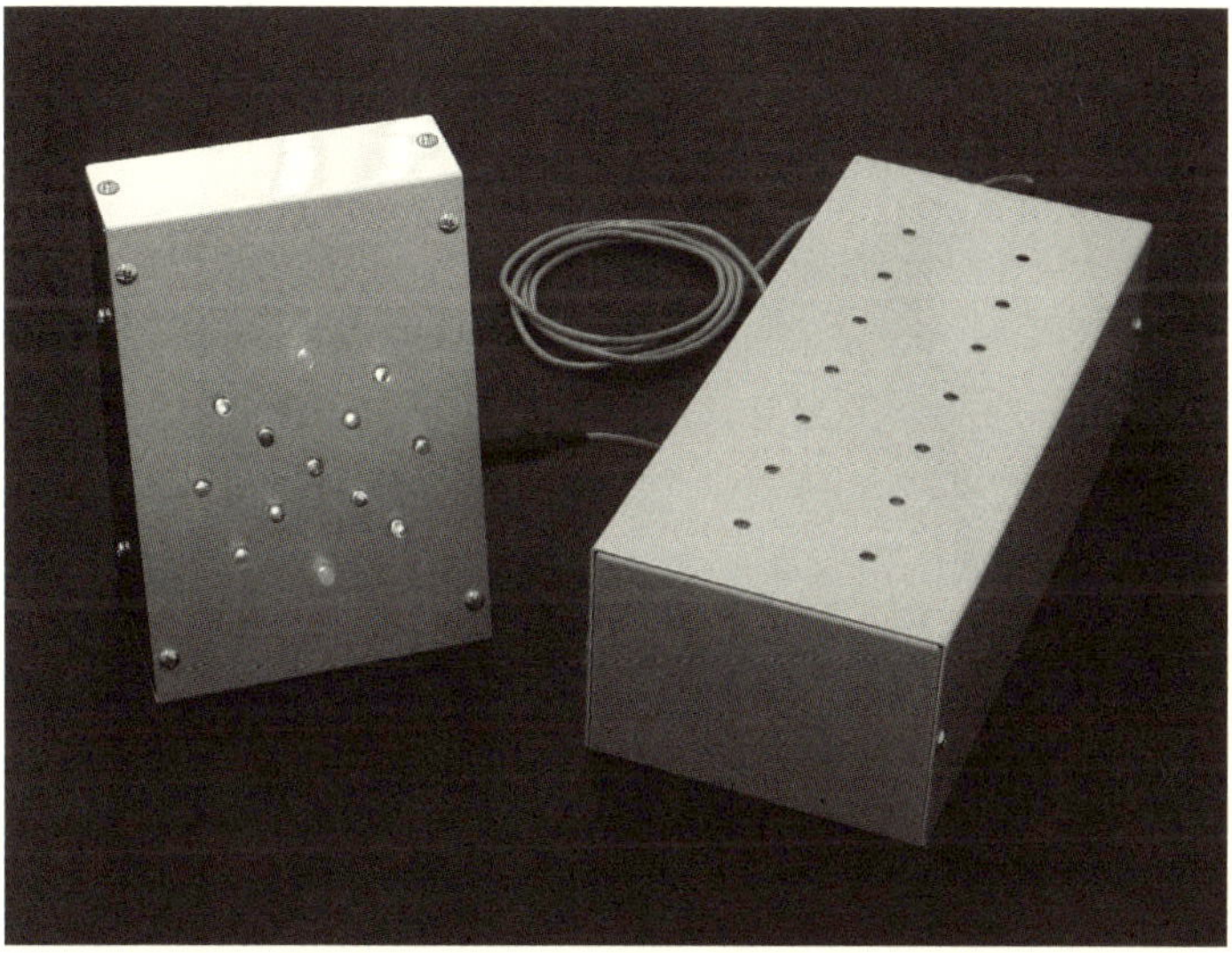

光エネルギー発生装置〔110㎜（幅）×250㎜（奥行）×70㎜（高さ）〕（右）＆7色の光の発生装置〔110㎜（幅）×70㎜（奥行）×150㎜（高さ）〕（左）セット。7色の光のエネルギーで身体の7ヵ所のチャクラが正常に働き、健康に。身体だけでなく、空間・飲食物の質的改善、精神の癒やしにも効果があります。要電源。

198,000円（税込）

【お問い合わせ先】ヒカルランドパーク

本といっしょに楽しむ〈知花敏彦氏から学んで創った地球家族 Goods〉

光エネルギー発生装置　ハイパワー携帯用

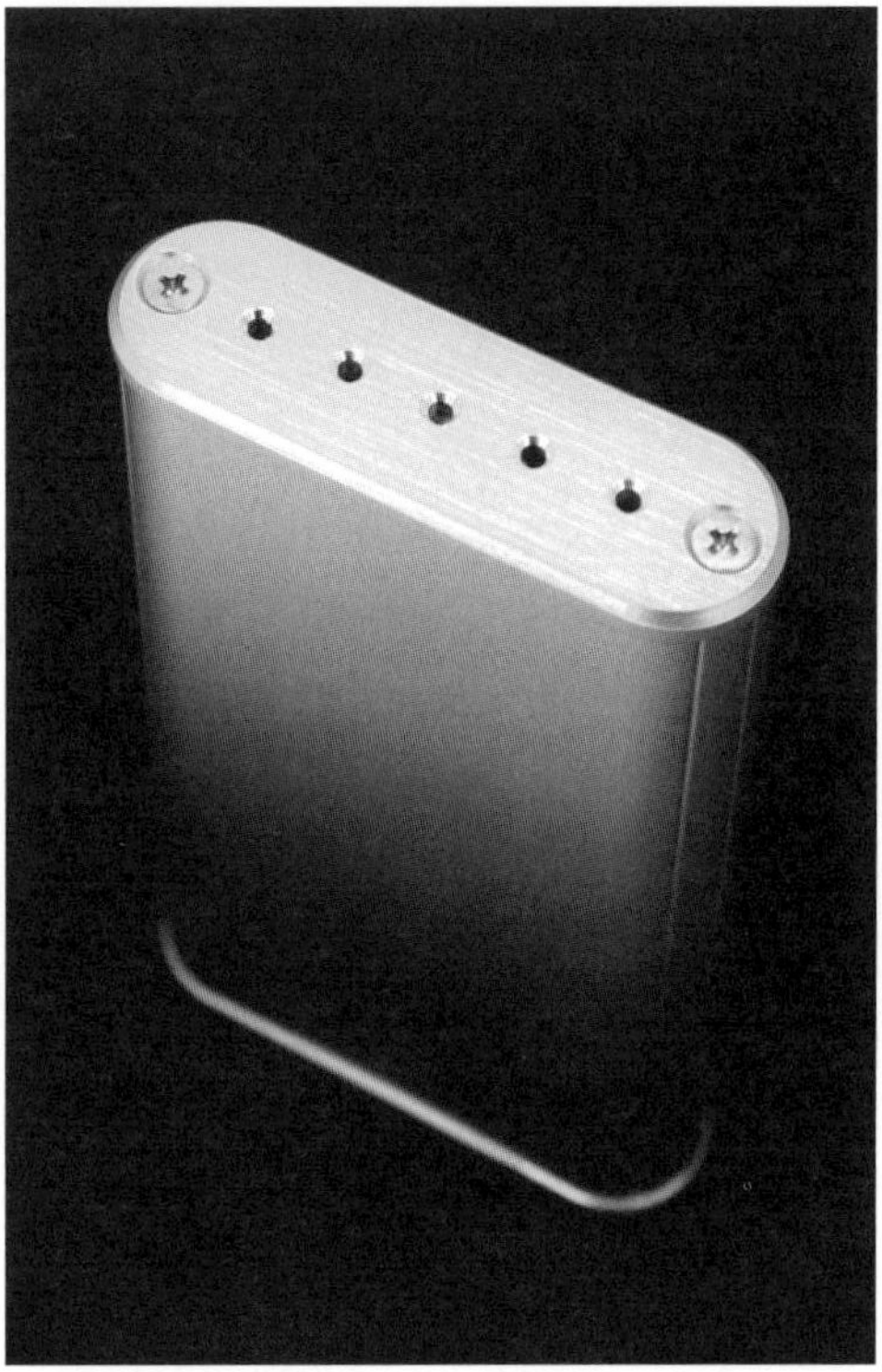

54㎜（幅）×15㎜（奥行）×95㎜（高さ）　電源不要のタイプでどこにでも持ち歩くことが可能。日々のストレスやエネルギー不足解消に最適。光エネルギーを増幅させるラピスラズリが入っています。電源不要。

24,000円（税込）

【お問い合わせ先】ヒカルランドパーク

③《AWG》癒しと回復「血液ハピハピ」の周波数

**生命の基板にして英知の起源でもあるソマチッドがよろこびはじける周波数を
カラダに入れることであなたの免疫力回復のプロセスが超加速します！**

世界12カ国で特許、厚生労働省認可！　日米の医師＆科学者が25年の歳月をかけて、ありとあらゆる疾患に効果がある周波数を特定、治療用に開発された段階的波動発生装置です！　神楽坂ヒカルランドみらくるでは、まずはあなたのカラダの全体環境を整えること！　ここに特化・集中した《多機能対応メニュー》を用意しました。

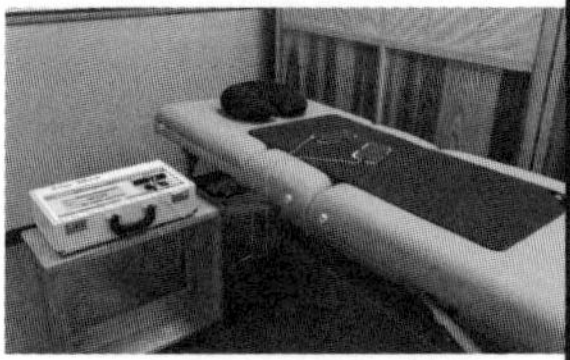

a.「血液ハピハピ＆毒素バイバイコース
　（AWG コード003・204）」　60分／6,000円
b.「免疫 POWER バリバリコース
　（AWG コード012・305）」　60分／6,000円
c.「血液ハピハピ＆毒素バイバイ＆免疫 POWER バリバリコース」120分／12,000円
《新メニュー》　・水素吸入器「ハイドロブレス」併用コース　60分／10,000円
　　　　　　　　・脳力解放「ブレインオン」併用コース　60分／10,000円

④量子スキャン＆量子セラピー《メタトロン》

**あなたのカラダの中を DNA レベルまで調査スキャニングできる
量子エントロピー理論で作られた最先端の機器！**

筋肉、骨格、内臓、血液、細胞、染色体など――あなたの優良部位、不調部位がパソコン画面にカラー6段階表示され、ひと目でわかります。セラピー波動を不調部位にかけることで、その場での修復が可能！　宇宙飛行士のためにロシアで開発されたこのメタトロンは、すでに日本でも進歩的な医師80人以上が診断と治癒のために導入しています。
a.b.ともに「セラピー」「あなたに合う／合わない食べ物・鉱石アドバイス」「あなただけの波動転写水」付き

a.「量子スキャンコース」　60分／10,000円
　あなたのカラダをスキャンして今の健康状態をバッチリ6段階表示。気になる数カ所への量子セラピー付き。
b.「量子セラピーコース」　120分／20,000円
　あなたのカラダをスキャン後、全自動で全身の量子セラピーを行います。60分コースと違い、のんびりとリクライニングチェアで寝たまま行います。眠ってしまってもセラピーは行われます。

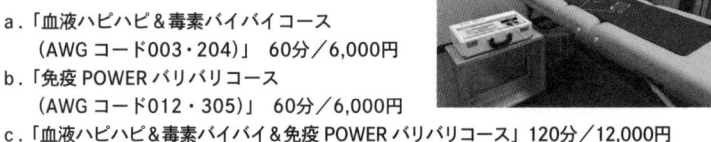

神楽坂ヒカルランド
みらくる
Shopping & Healing

大好評営業中!!

神楽坂ヒカルランドみらくるは、宇宙の愛と癒しをカタチにしていくヒーリング☆エンターテインメントの殿堂をめざしています！

①音響免疫チェア《羊水の響き》

脊髄に羊水の音を響かせて、アンチエイジング！
基礎体温１℃アップで体調不良を吹き飛ばす！
細胞を活性化し、血管の若返りをはかりましょう！

特許1000以上、天才・西堀貞夫氏がその発明人生の中で最も心血を注ぎ込んでいるのがこの音響免疫チェア。その夢は世界中のシアターにこの椅子を設置して、エンターテインメントの中であらゆる病い／不調を一掃すること。椅子に内蔵されたストロー状のファイバーが、羊水の中で胎児が音を聞くのと同じ状態をつくりだすのです！西堀貞夫氏の特製 CD による羊水体験をどうぞお楽しみください。

ａ．自然音Ａコース「胎児の心音」
　60分／10,000円
ｂ．自然音Ｂコース「大海原」
　60分／10,000円
ｃ．ピアノ即興演奏コース「無条件の愛」
　60分／10,000円
ｄ．「胎児の心音」「大海原」「無条件の愛」から選択　120分／20,000円

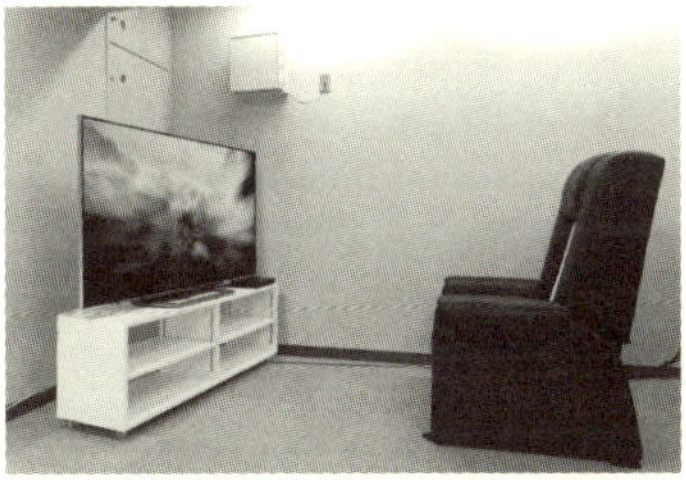

②銀河波動チェア《星々の響き》

宇宙大自然のエネルギーに満たされて魂ほっこり深奥のリラクゼーション
時間と空間が織りなす「WAVE のサンクチュアリ」に旅立ち
バラバラになったココロを統合へと導く
神楽坂ヒカルランドみらくるならではの超不思議体験へと誘います！

銀河系400の星々の運行を音に変換し、太陽の発する固有の波長をミックス、さらには地球の鼓動であるシューマン振動数（7.83hz）を加えてできあがったのがこの《星々の響き》です！この響きに抱かれて夢幻の領域に旅立てば、あなたの脳、ココロ、カラダは安らぎの中でよみがえり、自律神経が整います！

ａ．「太陽系メディテーションコース」　60分／5,000円
ｂ．「宇宙語波動調整コース」　60分／8,000円

c．「8Hz」地球と同化し幸福感にひたるコース
d．「10Hz」ストレス解消コース
e．「13Hz」集中力アップコース
f．「151Hz」眼の疲れスッキリコース

⑧脳活性《ブレインオン》

聞き流すだけで脳の活動が活性化し、あらゆる脳トラブルの予防・回避に期待できます。集中力アップや脱ストレス・リラックス効果も抜群です！

30分／2,000円
・《AWG との併用　新メニュー》
脳力解放「ブレインオン」併用コース
60分／10,000円

大脳皮質を活性化、右脳と左脳のバランスを整えるとともに、自律神経系の調節能力を向上させ、ゆったりとリラックスした脳波に導くブレインオン。身体がゆるむAWG に脳をゆるめるブレインオンを組み合わせた、心身ゆるゆるコースです。ベストパフォーマンスは緊張でガチガチになった身体からは生まれません。毎日の緊張が当たり前になってしまった方、自力では到達できない深いリラックス状態を体験してください。

⑨植物の高波動エネルギー《ブルーライト》

高波動の植物の抽出液を通したライトを頭頂部などに照射。抽出液は13種類、身体に良いもの、感情面に良いもの、若返り、美顔……など用途に合わせてお選びいただけます。より健康になりたい方、心身の周波数や振動数を上げたい方にピッタリ！

a．健康コース　7か所　10～15分／3,000円
b．メンタルコース　7か所　10～15分／3,000円
c．健康＋メンタルコース　15～20分／5,000円

神楽坂
ヒカルランド
みらくる
Shopping & Healing

神楽坂ヒカルランド みらくる Shopping & Healing
〒162-0805　東京都新宿区矢来町111番地
地下鉄東西線神楽坂駅２番出口より徒歩２分
TEL：03-5579-8948
メール：info@hikarulandmarket.com
営業時間［月・木・金］11：00～最終受付19：30［土・日］11：00～最終受付17：00（火・水［カミの日］は特別セッションのみ）
※Healingメニューは予約制、事前のお申込みが必要となります。

⑤ソマチッド《見てみたい》コース

あなたの中で天の川のごとく光り輝く「ソマチッド」を
暗視野顕微鏡を使って最高クオリティの画像で見ることができます。
自分という生命体の神秘をぜひ一度見てみましょう！

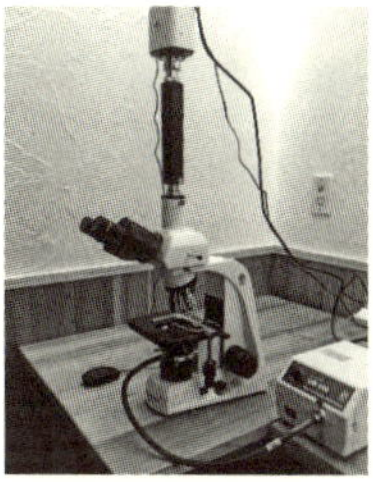

a．ワンみらくる　1回／1,500円（5,000円以上の波動機器セラピーをご利用の方のみ）
b．ツーみらくる（ソマチッド前後比較）2回／3,000円（5,000円以上の波動機器セラピーをご利用の方のみ）
c．とにかくソマチッド　1回／3,000円（ソマチッド観察のみ、波動機器セラピーなし）

⑥磁気不足解消《元気充電マシン》

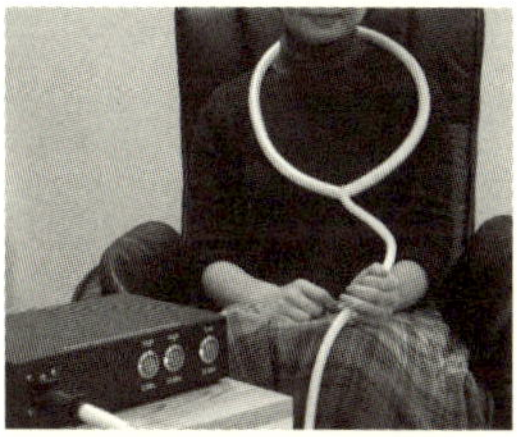

現代人は地球の磁気不足の影響をまともに受けています。それはコリや痛み、むくみなどのストレスとなってあなたを直撃します！　そんなあなたの細胞に電気パルス信号と磁気をガツンとあてて電圧を正常な状態に誘導します。
『神様からの贈り物コレクション』（ヒカルランド刊）の著者・越山雅代氏が活用して効果をあげているのがこの《元気充電マシン》です！

a．まったり♡低パワーコース　15分／1,500円　30分／3,000円
b．がっつり！ハイパワーコース　15分／1,500円　30分／3,000円

⑦脳活性《ブレイン・パワー・トレーナー》

ストレス脳波をやすらぎ脳「α波」、ひらめき脳「θ波」へ誘導、さらに「151Hz」で97%の人が視力向上！　航空自衛隊でも採用された驚異の実績！
この3つのWAVEを使い分けて脳力UP＆脳活性の最強アイテム！　ストレス解消、仕事効率、学力アップにもバツグンの威力を発揮します！

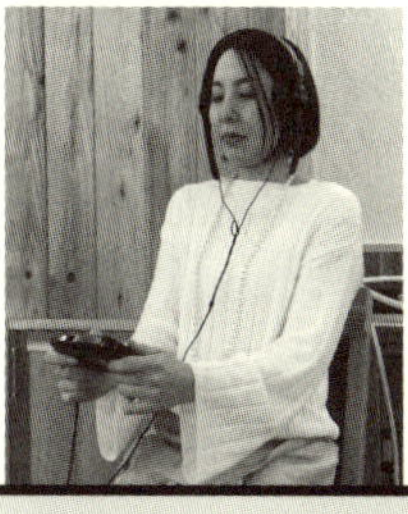

30分／3,000円　①～④の機器セラピーいずれかとセットの場合は2,000円
a．「4Hz」瞑想、リラックスコース
b．「6Hz」ひらめき、自然治癒力アップコース

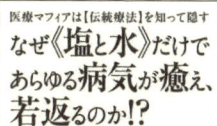

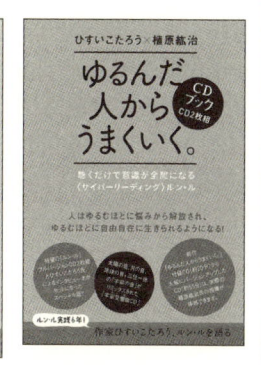

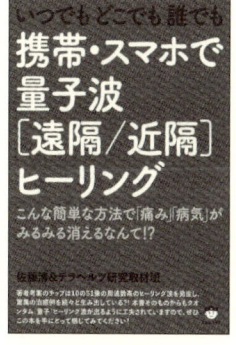

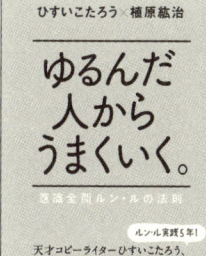

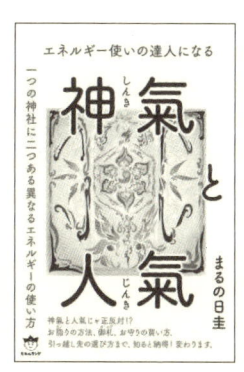

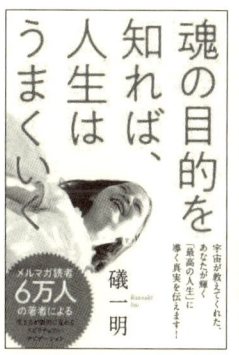

地球大天災を回避する
これが無限の
[光フリーエネルギー]
発生の原理だ
河合勝

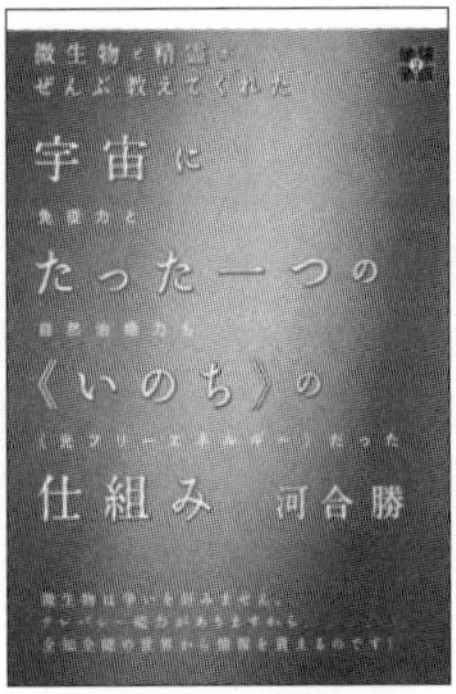
微生物と精霊がぜんぶ教えてくれた
宇宙に
たった一つの
《いのち》の
仕組み
河合勝

今こそ世界は
《本物JAPAN》
の光臨を
待っている!
河合勝

New Healing Wave
《天上界と微生物》
に聞いた
《THE FINAL ANSWER》
病気の本当の原因
と治し方
河合勝

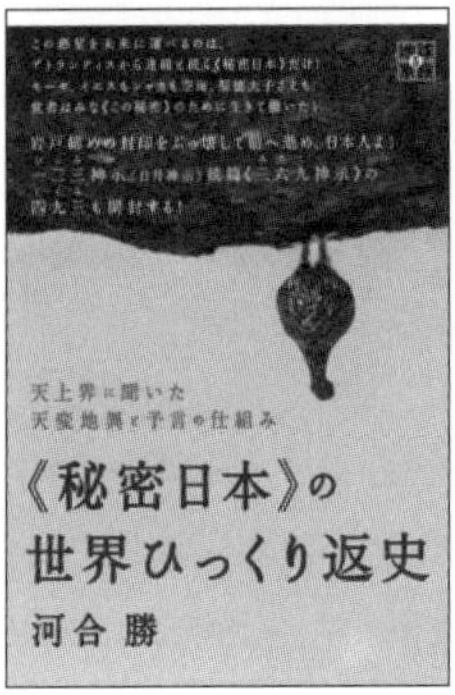
天上界に聞いた
天変地異と予言の仕組み
《秘密日本》の
世界ひっくり返史
河合勝

天上界がついに明かした《秘密日本史》最終章
もう隠さない
《モーゼと《イエスの国》JAPAN
だからユダヤ民族は
これから《母国日本》を支える!
河合勝

【新装完全版】
宇宙にたった一つの
いのちの仕組み
病い・土壌・天災・地球
微生物はすべてを蘇生する!
河合勝
[地球家族代表]

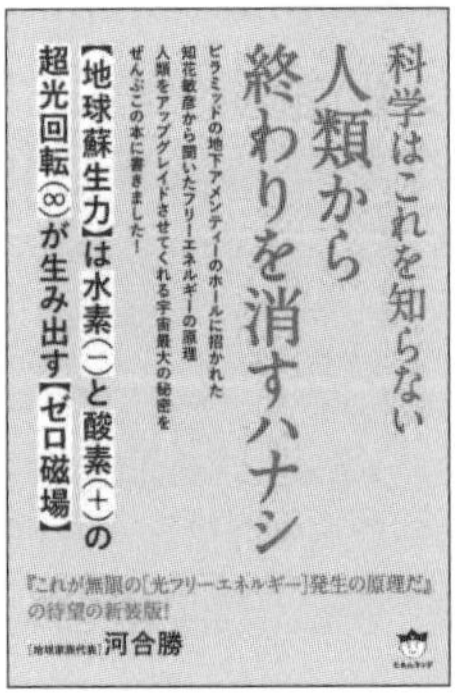
科学はこれを知らない
人類から終わりを消すハナシ
ピラミッドの地下アメンティーのホールに招かれた
知花敏彦から聞いたフリーエネルギーの原理
人類をアップグレイドさせてくれる宇宙最大の秘密を
ぜんぶこの本に書きました!
【地球蘇生力】は水素(−)と酸素(+)の
超光回転(∞)が生み出す【ゼロ磁場】
『これが無限の[光フリーエネルギー]発生の原理だ』
の待望の新装版!
[地球家族代表]河合勝